Arline Westmeier
Ellen von Aesch
Peter Glöckl

Ich habe es überlebt

Das dunkle Geheimnis: sexueller Mißbrauch

Blaukreuz-Verlag Wuppertal
Blaukreuz-Verlag Bern

Dr. Arline Westmeier studierte Theologie, Psychologie und Klinische Seelsorge. Sie leitet eine Beratungsstelle und ist unter anderem Mitglied der Amerikanischen Gesellschaft für christliche Therapeuten und der christlichen Gesellschaft für psychologische Studien. Sie lebt auf Puerto Rico.

Ellen von Aesch erhielt die erste schweizerische Ausbildung in Sexologie bei der holländischen Psychologin und Sexualwissenschaftlerin Willeke Bezemer. Sie führt zusammen mit einer Partnerin eine Soziotherapeutische Praxis in Basel.

Peter Glöckl, Diplom-Sozialpädagoge mit theologischer Zusatzausbildung, Sozialtherapeut, ist als Erwachsenenbildungsreferent im Blauen Kreuz in Deutschland in der Ehe- und Familienarbeit tätig.

Die Deutsche Bibliothek – CIP-Einheitsaufnahme

Ich habe es überlebt: das dunkle Geheimnis – sexueller Mißbrauch / Arline Westmeier ; Ellen von Aesch ; Peter Glöckl. – Wuppertal : Blaukreuz-Verl. ; Bern : Blaukreuz-Verl., 1997
ISBN 3-89175-137-0 (Wuppertal)
ISBN 3-85580-371-4 (Bern)

Umschlaggestaltung: Andreas Junge, Witten
Satz: Blaukreuz-Verlag Wuppertal
Abbildung Seite 115: Tilman Graubner, Krefeld
Druck und Herstellung: St. Johannis-Druckerei, Lahr

ISBN 3 89175 137 0 Blaukreuz-Verlag Wuppertal
ISBN 3 85580 371 4 Blaukreuz-Verlag Bern

Inhalt

Vorwort

„Ich kann es einfach nicht glauben, sicher sind die Erinnerungen ein verrückter Ausdruck meiner Fantasie“, erzählt Margot: Sie wurde von ihrem Vater, einem angesehenen Mann, als Kind sexuell mißbraucht.

Ähnlich äußern sich andere Mädchen und Frauen – und auch ein Mann – in diesem Buch.

Weil das Geschehene so unfaßbar war, haben sie es verdrängt – Jahre und Jahrzehnte. Die Auswirkungen auf ihr Leben blieben nicht aus: körperliche und seelische Erkrankungen, Suchtmittelabhängigkeit, Partnerschafts- und Familienprobleme ...

Das Buch bleibt nicht bei den schlimmen Erlebnissen stehen, sondern macht deutlich: Es gibt Befreiung von der furchtbaren seelischen Belastung – sowohl bei den Mißbrauchten als auch bei ihren Angehörigen. Betroffene, eine Mutter und ein Ehemann berichten davon.

Das Erfahrene aufzuarbeiten, ist schmerzhaft, kann sich über Jahre hinziehen – aber es ist ein hoffnungsvoller Weg. Seelsorger, Therapeuten und Mitbetroffene sind hilfreiche Begleiter. Hilfe bieten auch die speziellen Seminare des Blauen Kreuzes, in denen die Teilnehmer in einem geschützten Raum lernen, erste Schritte auf dem Heilungs- und Genesungsweg zu einer neuen, farbenfrohen Identität zu machen.

So werden aus Opfern Überlebende, die ihr Leben wieder aktiv gestalten können.

Nina: „Merkte denn wirklich keiner was?“

Bei mir begann der sexuelle Mißbrauch am Ende meines fünften Lebensjahres. Der Täter war mein „großer“ Onkel, der selber noch ein halbes Kind war mit seinen Anfang Zwanzig. Wie alles begann, kann ich heute noch immer nicht ganz genau sagen. Wenn man jahrelang all die schrecklichen Ereignisse verdrängt, ist es nicht leicht, das Gehirn dazu zu bringen, alle Einzelheiten wieder nach oben zu befördern. Erst nach und nach kommen die Erinnerungen hoch. Erinnerungen, die nun erneut verarbeitet werden müssen.

Erinnern kann ich mich daran, wie er mich immer in seiner Wohnung unten herum auszog, um mich danach an meiner Scheide zu „liebkosen“. Später drängte er mich dazu, mich selber zu befriedigen. Von meinem achten Lebensjahr an zwang er mich ein- bis zweimal im Monat zum Geschlechtsverkehr. Außerdem mußte ich nun auch bei ihm Hand und Mund anlegen. Nach dem zehnten Lebensjahr konnte ich mich so weit wehren, daß der Geschlechtsverkehr aufhörte. Doch das gegenseitige Befriedigen ging noch bis zum Ende meines dreizehnten Lebensjahres weiter. Der Mißbrauch dauerte also ganz acht Jahre! Weitere Einzelheiten sind wohl nicht nötig, um klarzumachen, wie erniedrigend diese Erfahrungen waren.

Was für Gefühle die Täter zu solchen Handlungen hinreißen lassen, bleibt Hohn in meinen Ohren. Bei ernstgemeinten Sätzen wie: „Ich liebe sie doch, ich würde ihr niemals weh tun wollen“ oder „Ich fühlte mich doch so einsam ohne Partnerin“, fehlen mir die Worte und das Verständnis.

Meine Gefühle waren hauptsächlich Angst, Ekel, Scham und Zweifel. Täglich habe ich mich gefragt, ob sein Tun wirklich richtig sei. Aber da es ja „unser Geheimnis“ war, konnte ich keinen anderen um eine zweite Meinung fragen. Später kamen dann Zweifel an meinem Umfeld dazu: Merkte denn wirklich keiner was? Oder wußten sie alles und schwiegen, weil ich irgendwie selber schuld war? Bald überrumpelte mich die Verzweiflung, da ich meine Vermutung bestätigt fand.

Seine Mutter, die ein paar Zimmer im gleichen Haus bewohnte, bekam fast jedesmal mit, wenn er uns beide einschloß. Sie klopfte dann meist fünf bis zehn Minuten später an die Tür und forderte mich (!) auf, herauszukommen. Und seine Ehefrau? (Nach ein paar Jahren heiratete er, aber der Mißbrauch ging weiter.) Er erzählte mir als „seiner Vertrauten" fast jedesmal, was er mit seiner Frau so alles machte. So erfuhr ich in jungen Jahren schon mehr über Stellungen, Sexvarianten und Gruppensex, als andere vielleicht in der Ehe wissen.

Und meine Eltern? Sie verboten mir, in seine Wohnung zu gehen. Ahnten sie etwas? Also ging ich meine Oma besuchen, von wo aus er mich immer abholte. Blieb ich mal weg, donnerte mein Onkel später: „Warum bist du nicht gekommen? Hast du mich denn nicht mehr lieb? Ich war ja soo schrecklich einsam und traurig, ich brauche dich doch! Aber nun bist du ja wieder da, um mich glücklich zu machen ..." Da stand ich nun, alleine mit einem schreienden Onkel und meinem Zweifel.

Wenn ich es in meiner totalen Verwirrtheit doch mal schaffte, für zwei Wochen wegzubleiben, kam er uns besuchen und sagte dann nebenbei zu mir, während er sich mit meinen Eltern unterhielt: „Ach ja, gestern war Tinka (meine Katze) bei mir (sein Haus steht in unmittelbarer Nachbarschaft). Sie läßt sich nun öfter von mir streicheln. Kannst ja auch mal wieder vorbeischauen, wenn du magst." Das saß! Mehr als jedes „ich bringe deine Mutti um" gesessen hätte, denn Tinka ist und war mein ein und alles. Ihr konnte ich all die Jahre alles anvertrauen. Die Angst, er könnte ihr auch nur ein Härchen krümmen, trieb mich immer wieder zu ihm. Er hatte sehr schnell erkannt, daß man mit psychischer Gewalt sehr viel mehr (Schaden) erreicht, als mit physischer. Die erfuhr ich allemal durch sein Festhalten, wenn ich versuchte, mich wegzudrehen.

Schuldgefühle sind bei meinem Onkel bis heute nicht zu erkennen („er hatte mich doch nur lieb"), bei mir sind sie bis heute geblieben. Hatte ich ihn nicht doch vielleicht irgendwie gereizt? War ich nicht meist freiwillig mitgegangen? Schließlich hatte ich ja auch immer aller Welt etwas vorgelogen, um uns die „nötige Zeit“ zu verschaffen. Schuld, weil ich sagte: „Leckst du mich noch mal, es war so schön“? Entsetzt? Die Alternative war zu dem Zeitpunkt Geschlechtsverkehr! Trotzdem: noch heute bereitet mir der Gedanke daran Kopfschmerzen, Übelkeit und abendliche Heulattacken. Ich bin auch heute noch in Therapie, um mit der Sache und den Schuldgefühlen fertigzuwerden.

Ein Jahr, nachdem er mich, bis auf Blicke und Potätscheln, in Ruhe ließ, fand ich den Mut, eine Beratungsstelle (Kobra in Stuttgart) anzuschreiben. Ich hatte das Gefühl, kaputtzugehen an meiner Angst vor erneuten Übergriffen (die am Schluß sogar in meinem eigenen Zimmer geschahen, wenn die Oma auf uns Kinder aufpaßte) und an meinen Schuldgefühlen.

Zu Gott beten? Hatte ich zwischendurch mehrere Jahre sehr bewußt getan. Schließlich ist mein Elternhaus christlich. Aber nichts änderte sich. Also hängte ich Gott wieder an den Nagel. Bis heute. Ich akzeptiere zwar Menschen, die glauben (die meisten meiner Freunde sind gläubig), und komme auch sehr gut mit ihnen zurecht, aber ich selber stehe dem Ganzen weiterhin sehr kritisch gegenüber.

Kobra schickte mir eine lange Antwort und unterstützte mich, eine geschulte Frau auf diesem Gebiet aufzusuchen. Ich rief sie also an, und wir verabredeten uns für die kommende Woche in meiner Schule. Diese Frau hörte mir zu, nahm mich sehr ernst und half mir, meine Gedanken zu ordnen. Nach mehreren Treffen fand ich dann endlich den Mut, gemeinsam mit ihr meinen Eltern den Sachverhalt vorzutragen. Sie waren entsetzt, glaubten mir aber jedes Wort. Und zwar bedingungslos.

Zu Hause folgten dann noch viele, sehr tränenreiche Abendgespräche mit meiner Mutter. Nach zwei weiteren Wochen gingen wir dann zur Polizei und zeigten meinen Onkel wegen sexuellen Mißbrauchs an. Er wurde noch während meiner (vierstündigen) Aussage festgenommen. Da er zum Glück sofort geständig war, kam er noch am gleichen Tag in U-Haft, wo er auch bis zur Verhandlung blieb.

Ich persönlich habe nur gute Erfahrungen bei der Polizei gemacht. Wenn es auch nicht immer leicht war, der vernehmenden

Polizistin alles bis ins kleinste Detail zu erzählen. Doch dank ihres großen Verständnisses konnte sie mir geschickt über die peinlichen und beschämendsten Situationen hinweghelfen. Nach einem halben Jahr wurde mein Onkel vom Amtsgericht zu der Höchststrafe von drei Jahren verurteilt. Ich mußte – dank des Geständnisses – nicht noch einmal vor Gericht aussagen. Mittlerweile habe ich erfahren, daß er auch andere Kinder (Jungen wie Mädchen) belästigt hat.

Seit anderthalb Jahren sitzt mein Onkel nun. Seit dreieinhalb Jahren habe ich Ruhe. Trotzdem: so schnell läßt sich nicht alles verdrängen und vergessen. Die halbe Verwandtschaft (Omas, Onkels usw.) ist gegen uns und macht uns das Leben und Vergessen noch schwerer, als es ohnehin schon ist. Schließlich zeigt man keinen aus der Verwandtschaft an! Außerdem ist mein Onkel (wegen guter Führung) nun regelmäßig an ein bis zwei Tagen jede Woche wieder draußen. Um den Außenkontakt nicht zu verlieren. Welch ein Hohn in meinen Augen! Es ist nicht leicht für mich, diesem Mann wieder gegenüberzustehen. Es ist zwar durch Kontakt- und Grundstücksverbot noch nicht zu einer Begegnung gekommen, aber die Angst flammt sofort wieder auf. Und die Verwandtschaft droht und keift, damit wir alle Verbote zurücknehmen und so tun, als sei nie etwas gewesen. Es ist keine Ausnahme, sondern trauriger Alltag, daß die Verwandtschaft meistens zum Täter hält.

Und Jungs? Seit einem halben Jahr kleide ich mich endlich figurbetont (ich bin sehr schlank) und auch modischer. Ich muß weiterhin lernen, mich schön zu finden, und gebe nach und nach auch das Denken auf, daß alle mich häßlich finden (müssen).

Vor einem Vierteljahr bin ich zum ersten Mal von einem Jungen angemacht worden. Es tat mir gut und hat mir sehr geholfen, einen großen Schritt nach vorne zu machen in Richtung Selbstbewußtsein.

Dieser Beitrag erschien zuerst in der Zeitschrift „family“, der wir für die Abdruckerlaubnis danken.

Nina: Das Gefühl der Angst

Das Gefühl der Angst, wenn Abends die Eltern noch fortgehen
wenn Du dann alleine in Deinem Zimmer bist
wenn Du einen Schlüssel im Schloß hörst
wenn leise Schritte näher kommen

Das Gefühl der Angst, wenn sich Deine Türklinke niederdrückt
wenn sich Deine Zimmertür dann öffnet
wenn ER plötzlich im Rahmen steht
wenn ER die Tür wieder hinter sich schließt

Das Gefühl der Angst, wenn Du mit IHM allein in diesem Zimmer bist
wenn ER auf Dich zukommt
wenn Du schreist und niemand hört Dich
wenn Du IHM schutzlos ausgeliefert bist

Das Gefühl der Angst, wenn ER Dich aufs Bett wirft
wenn ER Dich auszieht
wenn ER seinen Reißverschluß öffnet
wenn SEINE Hand auf Dich zukommt

Das Gefühl der Angst, wenn ER Dich zwingt, IHN anzupacken
wenn Du nichts daran ändern kannst
wenn Dich der Ekel überfällt
wenn SEINE Augen Dich dabei angucken

Das Gefühl der Angst, wenn ER in Dich eindringt
wenn ER dabei so schmierig grinst
wenn ER sich wieder abwendet
wenn ER Dir droht

Das Gefühl der Angst, wenn ER sich anzieht
wenn ER auf die Türe zugeht
wenn ER Dein Zimmer verläßt
wenn Du die Haustür ins Schloß fallen hörst

Das Gefühl der Angst, obwohl ER nun weg ist
vor Scham und Schuldgefühlen
ER wird wiederkommen
es gibt kein Vorbei

Das Gefühl der Angst, es geht niemals
denn nicht umsonst ist es

DAS GEFÜHL DER ANGST

Nina: Jetzt feiere ich den Jahrestag

In einem Monat feiere ich „Fünfjähriges“! Ja, ich bin mittlerweile zwanzig Jahre und feiere tatsächlich den Jahrestag, an dem ich meinen Onkel angezeigt habe. Fünf Jahre danach – ich kann es kaum glauben, wie schnell die Zeit vergeht ...

Ob ich noch oft daran denke? Auf der einen Seite bin ich doch sehr erstaunt, wie schnell man sehr viel vergessen kann, auf der anderen Seite scheint es mir, als zöge ich alles magisch an, was mit diesem Thema zu tun hat.

Mit dem Vergessen meine ich zum Beispiel, daß ich in den letzten fünf Jahren zwei Mal das Geständnis meines Onkels gelesen habe – und jedesmal war ich zu Tode darüber erschrocken, was er alles mit und an mir gemacht hat. Beim zweitenmal wußte ich über die Hälfte (!) der Taten schon nicht mehr – und nur eine (!) Stunde nach dem Lesen konnte ich mich partout schon wieder an das meiste nicht erinnern. Und ein drittes Mal wird es so schnell nicht wieder geben – es hat wohl schon so manchmal auch seinen positiven Sinn, daß der Mensch ein Verdrängungskünstler ist.

Naja, und mit der Anziehungskraft ist das schon so eine Sache ...

Endete mein letzter Rückblick mit dem positiven Ereignis, daß mich ein Junge angemacht hatte, so weiß ich heute, daß er nicht besser war als mein Onkel ist – denn auch er hat eine perverse Neigung zu kleinen Kindern. Doch mangels greifbarer Beweise ... na, Sie kennen das ja schon.

Also zu den Leuten, die mir nahestehen: mittlerweile stellte sich heraus, daß unsere Verwandtschaft seit unzähligen Generationen ein einziger Trümmerhaufen von Inzestverbrechen ist. Und ein guter Freund von mir überraschte mich vor kurzem mit dem Buch „Auch Indianer kennen Schmerz“ (ein gutes Buch für sexuell mißbrauchte Jungs), das auf seinem Tisch lag, wobei ich nur noch ein „Willkommen im Club“ hervorbrachte. Es überraschte ihn jedoch in keinerlei Weise – durch seinen selbst jahrelang erlebten

Mißbrauch war er für dieses Thema so sensibilisiert worden, daß er es mir bereits vor langer Zeit angemerkt hatte. Wen wundert's nun noch, daß auch seine Freundin, mit der er zusammenlebt und die nun eine meiner besten Freundinnen ist, auch ein Opfer war.

Und da wären wir schon beim letzten Punkt: meine ganz persönliche Partnerbeziehung. Als ich vor zwei Jahren mit meinem jetzigen Freund zusammenkam, war es alles andere als leicht für uns. Eine wundervolle Zeit wurde plötzlich von Heul- und Depressions-Phasen abgelöst, Alpträume ließen mich diesen Ekel wieder und wieder erleben, ich bekam aus heiterem Himmel Unterleibskrämpfe und stieß ihn von mir weg. Als ich nach etwa einem Beziehungsjahr endlich „fertig" war mit diesem Konflikt, brach es plötzlich aus einem starken und einfühlsamen Freund heraus: auch er war ein Opfer! Was für ein Schock für mich, daß ich nicht von selber darauf gekommen war, zu sehr mit mir beschäftigt gewesen war. Ich kann es heute noch nicht verstehen.

Schwierig ist nur, daß ich ihn durch meine kämpferische Stärke total überfordert habe. Dadurch, daß man mir damals bedingungslos geglaubt hatte und ich über Jahre in den Genuß einer guten Therapie zum Aufarbeiten meiner Erlebnisse gekommen war, ist es mir heute möglich, relativ locker über dieses Thema zu reden. Mein Freund hingegen fühlt sich bis jetzt noch nicht in der Lage, sich den Erinnerungen an seine schrecklichen Erlebnisse zu stellen. Deshalb reagiert er verletzt und aggressiv auf meinen inzwischen überwiegend sachlichen und nicht so gefühlsbetonten Umgang mit diesem Thema. Aber eines Tages wird hoffentlich auch er so weit kommen.

Zum Ende möchte ich nur allen raten, niemals den Kampf gegen das Verbrechen aufzugeben. Denn er lohnt sich! Und war der Übergriff auch noch so gering, keiner hat Dir vorzuschreiben, wie sehr verletzt Du sein darfst oder auch nicht. Es ist schließlich Deine Seele, die verletzt wurde.

Ninas Mutter: Die Maske des Schweigens zerbrechen

Sexueller Mißbrauch – das Thema hatte mir immer schon ein Flattern in der Magengrube eingebracht – aber zum Glück passiert so etwas ja nur anderen. Das hoffte ich jedenfalls inständig, bis ... ja, bis unsere Nina uns im Beisein einer Therapeutin von den Übergriffen ihres Onkels, meines Bruders, erzählte.

Zwei Gedanken kämpften voller Panik in mir: „Ich will nicht, daß das stimmt!“ Und: „Es *ist* wahr!“ In Bruchteilen von Sekunden jagten Erinnerungsfetzen dazwischen – Situationen, die mir irgendwie ungereimt erschienen waren, die ich nicht einzuordnen wußte, plötzlich hatten sie eine Erklärung ... Aber nein, ich will nicht, daß er das getan hat! Doch ich *wußte*, daß es stimmte.

Fünf Jahre ist das nun her ... Heute bin ich „traurig-froh“ ... Traurig, daß es geschehen ist – froh, daß Nina es gewagt hat, sich uns anzuvertrauen. Ich wußte damals sofort, daß es richtig war, als sie sich entschlossen hatte, dieses „Geheimnis“ nicht länger für sich zu behalten, aber ich ahnte nicht, welche Freiheit nach all den Schrecken der ersten Wochen und Monate auf uns wartete! Für unsere Tochter: Befreiung vom Täter – von seinen verbrecherischen Handlungen, vom Druck seiner Drohungen, von den Heimlichkeiten, von Schmerzen und Angst und Unverständnis. Für uns Eltern: von dem Unerklärlichen, das irgendwie über diesem Kind zu schweben schien und das wir vorher selbst in Gesprächen mit Psychologen und während Ninas mehrjähriger Spieltherapie nicht hatten erhellen können.

In den ersten Tagen damals stand rein praktisch der Schutz unserer Kinder an erster Stelle – es durfte einfach keine weitere Gelegenheit mehr für den Täter geben. In vielen Gesprächen erzählten wir uns unsere Erinnerungen an die verschiedensten Situationen und fügten diese Puzzleteile zu einem entsetzlichen Bild zusammen.

Die Entscheidung, den Täter anzuzeigen, fiel vor allem aus zwei

Gründen: Nina wußte von anderen Kindern, die er als „Ersatz" ins Auge gefaßt hatte (sie selber wurde, pubertierend, langsam zu „gefährlich"). Diesen Kindern wollte Nina all die Dinge, die sie hatte erleben müssen, ersparen. Später erfuhren wir, daß er schon länger mehrere Kinder benutzt hatte. Zum anderen spürten wir, daß wir, wenn wir jetzt schweigen würden, für immer unter diesem dunklen Geheimnis leben würden wie hinter einer Maske. Angst, Mißtrauen, Scham würden den Ton angeben – und ein ehrlicher und offener Umgang mit anderen Menschen würde nie mehr möglich sein. Weder mit Verwandten, die ja reale Bedrohung darstellen, noch mit Freunden, vor denen wir solch einen wesentlichen Aspekt unseres Seins würden verstecken müssen, noch mit unseren Kindern, deren vitale Bedürfnisse wir durch dieses Leben unter dem dunklen Geheimnis gravierend beschneiden würden.

Nach der schnellen Verhaftung des Täters blieb es *unsere* Aufgabe, die gemeinsame Verwandtschaft zu informieren ... Unglauben und Entsetzen herrschten vor. Bei einigen vor allem deswegen, daß wir es gewagt hatten, einen *Bruder* anzuzeigen ... Nach und nach öffneten wir uns auch einigen Freunden – hier fanden wir Unterstützung.

Heute gibt es in der Verwandtschaft im wesentlichen zwei Parteien: die, die das begangene Unrecht Unrecht nennen und die, die es am liebsten noch immer leugnen würden. Ach ja, und die „Grauzone": Personen, die versuchen, sich dazwischen durchzuschlängeln, je nachdem, mit wem sie es gerade zu tun haben – das sind für uns die, die wir am wenigsten ernst nehmen können. Einige reden nicht mehr mit *uns*, bis hin zur Enterbung – den Verbrecher fördern sie dafür um so mehr. Das zu erklären fällt schwer – gleichzeitig schafft es klare Grenzen und verhindert faule Kompromisse.

Die Monate bis zur Gerichtsverhandlung waren die schwierigsten: Das Kennenlernen der Wahrheit, der Einzelheiten, die Angst vor dem Täter – wir wußten nicht, ob die Untersuchungshaft bis zur Verhandlung bestehen bleiben würde –, überhaupt diese ganze Situation, bald vor einem Gericht stehen zu müssen – noch dazu mit *solch* einem Thema ...

Die Gegenwart anderer war kaum zu ertragen: mit Eingeweihten war es noch bedrückender als alleine, bei Nichteingeweihten war der emotionale Abstand einfach zu groß.

Bei der Verhandlung, wie auch bei der Berufungsverhandlung ein paar Monate später, hatten wir viel Unterstützung durch Freunde, Richter, Staatsanwaltschaft und Rechtsanwälte stellten eindeutig klar, wer hier Täter und wer Opfer war. Er bekam die damalige Höchststrafe.

Erst danach, als klar war, daß er nun für ein paar Jahre im Gefängnis bleiben würde, konnten wir anfangen, wieder einen „normalen" Alltag zu gestalten.

Nina ging ganz in ihrer Therapie auf ... Höhen und Tiefen wechselten stetig ... und rissen jedesmal auch die Familienatmosphäre mit. Lange Zeit schien es keine anderen Gedanken als „daran" zu geben.

Nina arbeitete energisch daran, den Alltag auch als solchen zu erleben. Sie begann, sich für die Aktivitäten und Themen ihrer Klassenkameradinnen zu interessieren. Viele ihrer Lehrer äußerten immer wieder ihr Erstaunen über die tiefgreifende Veränderung, die in ihr vorging.

Und eines Tages geschah es, daß *ich* entdecke, daß ich mindestens seit einer Stunde nicht mehr „daran" gedacht hatte. Von nun an gab es immer mehr „freie Inseln", wo andere Dinge wieder unsere Gedanken und unser Leben füllten.

Einzelne Aspekte des Geschehens melden sich von Zeit zu Zeit wieder einmal: Da ist die Schuldfrage, warum haben wir es nicht früher bemerkt? Praktische und psychologische Erklärungsversuche dazu lösen letztlich nicht den Wunsch, das alles ungeschehen zu machen.

Die Frage des Vertrauens und Mißtrauens im Umgang mit anderen: Wem dürfen und können wir noch vertrauen? Ein Freund sagte früher oft: „Ich erwarte stets das Schlechteste von meinem Gegenüber, dann kann ich nie enttäuscht werden!" Ich fand diese Einstellung schrecklich – doch nun scheint Mißtrauen überlebensnotwendig zu sein!

Angst vor der Rache des Täters – wie wenig liegt in unserer Hand ...

Unser Schritt, dem Unrecht offen entgegenzutreten, hat indes auch anderen Mut gemacht, eigene Situationen genauer anzuschauen, Entscheidungen zu treffen, die aus unguten Beziehungen, Machtmißbrauch und verdeckenden Traditionen befreiten. Wir entdeckten, wie gerade sexueller Mißbrauch häufig von Generation zu Generation „vererbt" wird. Heute rechnen Fachleute damit, daß jedes vierte Mädchen und jeder siebte Junge, oft schon im Kleinstkindalter, Opfer von sexuellem Mißbrauch wird – aus Gesprächen mit erwachsenen Frauen glaube ich, daß der Prozentsatz in der Eltern- und Großelterngeneration nicht geringer ist.

Für uns war dieser Schritt der Beginn des Weges in eine Freiheit, die wir vorher nicht kannten und auch nicht ahnten. Wir haben dieses schreckliche Erleben nicht verhindern können, aber wir haben miteinander den Weg herausgefunden, für eine lebenswerte Zukunft, nicht unbelastet, aber mit der Erfahrung, daß es sich lohnt, schwierigste Themen anzugehen – und daß Befreiung möglich ist.

Gisela Braun: Was mach ich bloß, wenn was passiert ist?

Was Mütter und Väter tun können, wenn ihr Kind sexuell mißbraucht wurde

Die Vorstellung, die eigene Tochter oder der Sohn könnte sexuell mißbraucht werden, ist schrecklich. Man möchte am liebsten gar nicht daran denken. Viele Eltern werden bei diesem Gedanken auch wütend, sagen

„den Kerl würde ich umbringen“ oder

„sofort zur Polizei“

Das ist verständlich.

In der ersten Verwirrung werden aber oft Schritte unternommen, die für die betroffenen Mädchen und Jungen nicht unbedingt hilfreich sind und ihre Eltern vielleicht später bereuen.

Deshalb einige Hinweise, die Ihnen als Mutter oder Vater helfen können, wenn Ihr Kind sexuelle mißbraucht wurde:

- Glauben Sie dem Mädchen oder Jungen, daß der sexuelle Mißbrauch wirklich geschehen ist. Dies ist für das Kind die wichtigste Unterstützung.
- Geben Sie dem Kind ausdrücklich und wiederholt die Erlaubnis, über das Erlebte zu sprechen.
- Versuchen Sie ruhig zu bleiben, auch wenn dies sehr schwer fällt. Viele Mädchen und Jungen leiden darunter, daß sie ihren Eltern Kummer bereiten und erzählen nicht weiter oder nehmen ihre Aussage zurück, wenn sie spüren, daß ihre Erzählungen Angst, Panik oder Bestürzung auslösen. Für Sie ist diese Situation eine große Belastung. Sprechen Sie mit Menschen, bei denen Sie Ihre Wut und Ihren Schmerz äußern können. Das hilft Ihnen selbst und Sie können ruhiger mit Ihrem Kind sprechen.
- Viele betroffene Mädchen und Jungen empfinden Schuldgefühle, wenn sie mißbraucht wurden. Nehmen Sie auch diese Gefühle

ernst, aber sagen Sie dem Kind ausdrücklich, daß allein der Täter die Verantwortung für das Geschehen trägt.

- Wenn der sexuelle Mißbrauch schon länger gedauert hat, machen Sie dem Kind keine Vorwürfe, weil es bisher geschwiegen hat. Sagen Sie, daß Sie froh sind, jetzt davon zu hören.
- Vielleicht haben Sie den Wunsch zu trösten, indem Sie sagen: „Ach, war doch alles nicht so schlimm, ist ja vorbei."
  Tun Sie dies nicht. Den Mädchen und Jungen hilft es nicht, wenn wir das Geschehene herunterspielen oder – das Gegenteil – es aufbauschen, es hilft ihnen, wenn ihr Empfinden ernstgenommen wird.
- Nehmen Sie sich viel Zeit und hören Sie genau zu. Ermutigen Sie das Mädchen oder den Jungen, über das zu reden, was vorgefallen ist, aber bohren Sie nicht nach. Überlassen Sie es dem Kind, was es dann erzählen will.
- Sagen Sie Ihrer Tochter oder Ihrem Sohn, daß es Unrecht war, was der Täter getan hat, aber drängen Sie ihr/ihm nicht ihre eigenen Gefühle auf.
- Erkundigen Sie sich nach den Drohungen des Täters und versuchen Sie, diese zu entkräften, um dem Kind Angst zu machen.
- Sorgen Sie dafür, daß das Mädchen oder der Junge nicht weiter mißbraucht wird. Informieren Sie sie/ihn über das weitere Vorgehen. Und: Trösten Sie Ihr Kind und zeigen Sie, daß Sie es genauso lieb haben wie immer.

Vielleicht sind Sie gerade als Vater unsicher, wie Sie mit Ihrer Tochter oder Ihrem Sohn umgehen sollen, wenn sie/er sexuell mißbraucht wurde. Hat sie/er jetzt Angst vor Männern? Mag sie/er jetzt noch meine Zärtlichkeiten? Wie verhalte ich mich richtig, wie helfe ich meinem Kind am besten?

Ziehen Sie sich nicht von Ihrem Kind zurück, es könnte sonst glauben, daß Sie es nun nicht mehr mögen, aber achten Sie genau darauf, wie es reagiert und richten Sie sich ganz nach den Bedürfnissen des Kindes.

Es kann vorkommen, daß Mädchen oder Jungen versuchen, den Vater so zu berühren, wie sie es beim sexuellen Mißbrauch erfahren haben. Ziehen Sie hier klare Grenzen, ohne böse zu werden.

Sagen Sie, daß Sie sie/ihn sehr lieb haben und gerne schmusen oder kuscheln, aber daß Sie so nicht berührt werden wollen. Wenn ein Kind solche sexualisierten Verhaltensweisen zeigt, ist das eine Folge des sexuellen Mißbrauchs. Darauf einzugehen, hieße, das Kind nochmals zu mißbrauchen.

Und wie geht es weiter?

Übereilen Sie nichts.
Falls Sie eine Anzeige in Erwägung ziehen, können Sie das auch noch nach Tagen oder Wochen tun. Sie haben Zeit, alles reiflich zu überlegen und sich danach zu richten, wie es Ihrer Tochter oder Ihrem Sohn geht.

Suchen Sie sich zuerst Rat und Unterstützung bei einer Beratungsstelle.
Mittlerweile gibt es eine Reihe von Beratungsstellen. Bei den jeweiligen Gleichstellungsstellen, Frauenbeauftragten und Jugendämtern der Stadt- oder Kreisverwaltung erfahren Sie, wo es in Ihrer Umgebung eine solche Beratungsstelle gibt.

In einer Beratungsstelle finden Sie Hilfe und Verständnis in Ihrer Situation. Mit den Fachleuten können Sie abklären, welche Hilfe am geeignetsten ist für Ihre Tochter oder Ihren Sohn:

Ist eine Untersuchung bei einer Ärztin oder einem Arzt notwendig?
Eine ärztliche Untersuchung kann belastend für das Kind sein. Oft ist sie überflüssig, weil der sexuelle Mißbrauch keine körperlichen Spuren hinterlassen hat. Für manche Kinder hingegen ist es wichtig zu erfahren, daß sie gesund geblieben sind.

Ist eine Anzeige bei der Polizei sinnvoll?
Auch eine polizeiliche Vernehmung und die eventuell nachfolgende Gerichtsverhandlung können für das betroffene Mädchen oder den Jungen belastend werden. Es muß deshalb im Einzelfall zusammen mit der Beraterin oder dem Berater geprüft werden, ob

eine Anzeige Sinn macht, wie das Kind dies verkraften wird und welche anderen Möglichkeiten des Schutzes noch gegeben sind.

Wenn Sie sich für eine Anzeige entscheiden, wird Ihnen die Beratungsstelle Möglichkeiten aufzeigen, wie Sie die Belastungen für das Kind und sich selbst in Grenzen halten können, z. B. durch die Einschaltung einer Rechtsanwältin oder eines Rechtsanwaltes mit Erfahrung in diesem Bereich.

Braucht Ihre Tochter oder Ihr Sohn therapeutische Hilfe?
Es hilft Ihnen sicher, von einer Fachfrau oder einem Fachmann zu hören, wie diese die Situation Ihres Kindes einschätzen. Wenn es nötig ist, werden Sie auch therapeutische Hilfe erhalten oder an entsprechende Therapeutinnen bzw. Therapeuten weitervermittelt werden.

Und denken Sie auch an sich: Es ist sehr schmerzhaft für eine Mutter oder einen Vater zu wissen, daß eine nahestehende Person, vielleicht sogar der eigene Vater, Bruder oder Freund Ihr Kind sexuell mißbraucht hat. Versuchen Sie nicht, ganz allein damit fertig zu werden, lassen Sie sich helfen.

Liebe Mütter,

eine besonders belastende und schockierende Situation ist es, wenn eine Mutter erfährt, daß der eigene Partner, mit dem sie zusammenlebt, die Tochter oder den Sohn mißbraucht hat.

Meist erfährt die Frau davon durch eine außenstehende Person, denn der Täter hat das Kind, gerade gegenüber der Mutter, zum Schweigen gezwungen. Diese Nachricht ist ein furchtbarer Schlag. Oft ist die Mutter wie gelähmt, sie kann nichts denken und nichts tun. Alles in ihr sagt:

„Das kann einfach nicht wahr sein. Ich glaub' es nicht!"

In dieser Situation liegt es für viele Mütter nahe, der Person, die sie informiert hat, nicht zu glauben. Selbst wenn das Mädchen oder der Junge alles bestätigt, kann sie es oft nicht fassen.

Viele Mütter aber glauben ihren Kindern und machen sich dann schreckliche Vorwürfe, obwohl sie von dem sexuellen Mißbrauch nichts wußten. Sie wollen sich von ihrem Partner trennen, weil ihnen klar ist, daß nur eine räumliche Trennung die Sicherheit des Kindes gewährleistet, denn der Täter mißbraucht in der Regel immer weiter, auch wenn er hoch und heilig das Gegenteil verspricht.

Oft leugnet er auch die Tat ab, sagt, das Kind habe alles erfunden oder gibt dem Mädchen oder dem Jungen die Schuld.

Meistens wird er nicht freiwillig die Wohnung verlassen und einer räumlichen Trennung zustimmen. Verständlicherweise scheut sich die Mutter oft, eine Strafanzeige zu erstatten, da sie nicht in dieser Weise gegen den eigenen Partner vorgehen will. Auch die Mädchen und Jungen wollen zwar, daß der sexuelle Mißbrauch aufhört, aber wollen meist nicht, daß der Vater ins Gefängnis kommt, weil sie sich dann schuldig fühlen. Damit hat er ja häufig gedroht. Aber auch außerhalb einer Strafanzeige haben Mütter verschiedene Möglichkeiten, ihre Töchter und Söhne zu beschützen:

Zuerst einmal sollte jede Mutter eine Beratungsstelle aufsuchen, die sie in ihren Gefühlen ernst nimmt und Unterstützung in dieser Situation bietet. Die Frau braucht jetzt Trost und Rückenstärkung für sich selbst – und Hilfestellung für das weitere Vorgehen:

So kann sie einen Antrag beim Familiengericht stellen, daß der Partner die gemeinsame Wohnung verlassen muß. Ebenso kann sie das alleinige Sorgerecht und/oder Aufenthaltsbestimmungsrecht für ihre Tochter oder ihren Sohn erwirken.

Zusätzlich ist es möglich, daß das Familiengericht auf Antrag der Mutter ein Umgangs- und Kontaktverbot ausspricht. Damit ist dem Vater untersagt, mit dem Kind auch außerhalb der Wohnung, auf der Straße oder in der Schule, Kontakt aufzunehmen. Es sollte geprüft werden, ob dieses Umgangsverbot auch die Geschwister miteinbeziehen muß, weil viele Täter, nachdem der sexuelle Mißbrauch an einem Kind unterbunden wurde, nun versuchen, die Geschwister zu mißbrauchen.

Bei diesen Schritten kann sich die Mutter auch von einer erfahrenen Mitarbeiterin oder einem Mitarbeiter des Jugendamtes beraten und unterstützen lassen. Auf jeden Fall ist es ratsam, eine mit diesem Thema vertraute Anwältin (Anwalt) hinzuziehen, um auf eventuell auftretende Schwierigkeiten bei Gericht vorbereitet zu sein.

Falls die Mutter nicht über genügend Geldmittel verfügt, kann Prozeßkostenhilfe beantragt werden. Überdies finanzieren Opferhilfsorganisationen wie der Weiße Ring in bestimmten Fällen eine anwaltliche Vertretung.

Diese Maßnahmen sollten schnell erfolgen, um die Sicherheit des Mädchens oder Jungen zu gewährleisten. Danach kann sich die Mutter mit ihrer Beraterin Zeit nehmen, um zu klären, was weiter geschehen soll. Vor allem braucht sie Zeit, mit ihren Verletzungen fertig zu werden und sich in ihr neues, vielleicht auch schwieriges Leben einzugewöhnen. Vielen Müttern tut es gut, eine Selbsthilfegruppe für betroffene Mütter zu besuchen, um sich mit anderen Frauen in der gleichen Lage auszutauschen.

Dieser Beitrag wurde entnommen aus: „Gegen sexuellen Mißbrauch an Mädchen und Jungen. Ein Ratgeber für Mütter und Väter." Herausgegeben von der Arbeitsgemeinschaft Kinder- und Jugendschutz (AJS) Landesstelle NRW e.V., Poststr. 15, Köln. – Abdruck mit freundlicher Erlaubnis.

Ellen von Aesch: Sexuelle Ausbeutung

„Ich schaue mich um, da ist keiner, der mich beachtet. Ich habe keine Zuflucht mehr, keinen Menschen, der sich um mich kümmert!“ (Psalm 142, 5, Gute Nachricht)

„Ich kann es einfach nicht glauben, sicher sind die Erinnerungen ein verrückter Ausdruck meiner Fantasie. Ich weiß, ich bin krank, ich bin verrückt, ich bin soooo schlecht, mir kann niemand glauben, ich bin so alleine! ... Nein, nein, wenn die Geschwister in der Gemeinde wüßten, wie schlecht ich bin! ... Nein, ich kann nicht darüber reden, es darf nicht wahr sein, daß mich mein Vater mißbraucht hat, er war doch so ein ‚guter‘ Vater!“ So erzählt Margot, sechsunddreißig Jahre, heute Alkoholikerin.

Es ist fast unglaublich: Aufgewachsen in einer Kleinstadt, in einer Familie, in der „man“ wußte, was gut und böse war. „Man“ glaubte an Gott, „man“ sprach Tischgebete, dankte für alles und jedes, „man“ nahm aktiv am Gemeindeleben teil, „man“ hatte einen Namen, denn der Vater war ein angesehener Mann, schließlich war er Laienprediger ...

Einzelfall? Hirngespinst meiner Fantasie? Inzest, sexuelle Ausbeutung von Kindern und Jugendlichen, nur Schlagwörter, die von den Feministinnen aufgebauscht werden, Schlagwörter unserer Zeit?

Was ist sexuelle Ausbeutung?

Inzest wird im Fremdwörterbuch als Blutschande bezeichnet. Im Lexikon der Gefühle wird Inzesterfahrung mit Schande, Scham, Schweigen, Verbergen, Unreinheit, Befleckung, Schuld, Isolation verbunden.

Sexuelle Ausbeutung von Kindern durch Erwachsene oder ältere Jugendliche ist eine sexuelle Handlung eines Erwachsenen mit einem Kind, das aufgrund seiner emotionalen und intellektuellen Entwicklung nicht in der Lage ist, dieser sexuellen Handlung wissentlich und frei zuzustimmen.

Dabei nützt der Erwachsene die ungleichen Machtverhältnisse zwischen Erwachsenen und Kindern aus, um das Kind zur Kooperation zu überreden oder zu zwingen. Zentral ist dabei die Verpflichtung zur Geheimhaltung, die das Kind zur Sprachlosigkeit, Wehrlosigkeit und Hilflosigkeit verurteilt. Der größte Teil der Ausbeuter sind Männer, etwa zehn Prozent sind Frauen. Die Dunkelziffer ist groß.

Aber um keine Mißverständnisse zu erwecken: Obwohl bei sexueller Ausbeutung Erwachsene (Männer und Frauen) Zuwendung, Nähe und Intimität suchen, sind sexuelle Übergriffe auf Kinder nicht aggressive Sexualität, sondern sexualisierte Gewalt. Es geht um Kontrolle und Unterwerfung. Es geht um Macht!

Christen würden zu gerne glauben, daß das Problem der sexuellen Gewalt nichts mit ihnen zu tun hat, daß jemand, der an Jesus Christus glaubt, nicht fähig ist, solche Gewaltanwendungen zu tun. Leider geschah und geschieht dies bei Menschen, die sich in der Öffentlichkeit und in der Gemeinde klar zu ihrem Glauben bekennen, so häufig wie bei Menschen, die nicht glauben.

Viele sind betroffen

Stellen wir uns eine Grundschulklasse vor und zählen ab: Jedes vierte Mädchen und jeder siebte Junge[1] erlebt sexuelle Grenzverletzungen. Bis zu fünfundachtzig Prozent der betroffenen Kinder kennen ihre Ausbeuter persönlich und hatten ein gutes Vertrauensverhältnis zu ihnen. Meistens stammen die Täter aus der eigenen Familie, dem nahen Bekanntenkreis, der christlichen Gemeinde, sind also Väter oder Mütter, Stiefväter oder Stiefmütter, Großväter oder Großmütter, Bruder, Schwester, Onkel, Tante, Pfarrer, Seelsorger, Lehrer oder Babysitter usw.

---

[1] van Outsern, R.: Sexueller Mißbrauch an Jungen. Forschung, Praxis, Perspektiven. Ruhnmark 1993

Der einmalige Ausrutscher kommt nur selten vor. Sexuelle Ausbeutung gilt als Wiederholungstat und erstreckt sich über Monate oder Jahre.

Und noch etwas: Neben der sexuellen Gewalt, die ein Kind erfährt, wird es meistens auch noch emotional vernachlässigt. Nicht selten erfährt es zusätzlich körperliche Mißhandlungen. Viele[2] der in der Kindheit Ausgebeuteten stammen aus sogenannten Alkoholikerfamilien. Sie Verantwortung für die ganze Familie liegt auf ihren Schultern. Die Generationen sind vertauscht. Das Kind nimmt bewußt oder unbewußt wahr, daß die Familie auseinanderbricht, wenn es das Geheimnis preisgibt. Der Mißbrauch ist also mehrfach.

Jedes dieser jährlich etwa 50.000 bis 300.000 Kinder in Deutschland[3] und 45.000 Kinder in der Schweiz[4] ist gezwungen, einen Weg zu finden, wie es mit dem Loch in der Seele umgehen soll. Denn eigentlich hätten sie Liebe, Vertrauen, Geborgenheit und Schutz gebraucht.

Ein Kind benötigt die Hilfe der Erwachsenen, die seine Entwicklung anregen, unterstützen, begleiten. Es vertraut ihnen völlig. Mißbrauchen nun diese Erwachsenen das kindliche Vertrauen, so wird die Entwicklung grundsätzlich gefährdet. Dieses Kind wird mit übermäßigen Reizen überrumpelt und kann den Unterschied zwischen Zärtlichkeit und Sexualität nicht erkennen. Es fühlt zwar, daß etwas nicht stimmt, doch hört es fast immer vom Mißbraucher Botschaften wie: „Das machen doch alle Väter mit den Töchtern" oder: „Ich mache dies, weil ich dich wahnsinnig liebhabe."

Es ist ein Verrat am betroffenen Kind, denn das Vertrauen wird zerstört, die Liebe wird mit Gewalt zertreten. Ja, ich würde sogar behaupten: Es ist wie ein Mord an dieser Kinderseele – sie stirbt viele Tode. Ein einmaliger Mißbrauch kann schlagartig die ganze Zukunft des Kindes verändern.

---

[2] Arenz-Greiving, I. (HG): Sucht – Gewalt- Sexualität. Opfer und Täter in der Therapie. Freiburg i. B. 1990

[3] lt. Peter Hintze, Parlamentarischer Staatssekretär im Bundesministerium für Frauen und Jugend, „Gewalt gegen Kinder"

[4] Hochrechnung der Schweizer „Kindernachrichtenagentur", Bern

Das mißbrauchte Kind entwickelt Schuldgefühle. Es fühlt sich machtlos und hat kein Selbstwertgefühl. Folgen sind vorprogrammiert wie auffallendes, sehr lautes, bösartiges Benehmen oder die starke, ebenso unverständliche Neigung, sich zurückzuziehen, die Unfähigkeit, Grenzen zu setzen, Depressionen, Autoaggressionen (Selbstzerstörungen), Schlafstörungen, Spaltung von Gefühl, Verstand und Körper, Psychosen, Hyperventilation (übermäßige Steigung der Atmung) und Bewußtlosigkeit und jegliche Art von Sucht (Eßsucht, Alkohol und Drogenmißbrauch).

Alkohol z. B. kann zur Überlebenshilfe werden. So zerstörend eine Sucht psychisch und physisch auch sein kann, so oft ist sie auch Ausdruck der Überlebenskraft und zeigt ein wertvolles Potential für den Selbstheilungsprozeß.

Die Frauen (und Männer) haben irgendwie überlebt

Sie haben Angst, daß man ihnen nicht glaubt. Oft zweifeln sie selbst daran, zweifeln und bagatellisieren. Sie fühlen sich schuldig und machen sich Vorwürfe, warum sie nicht stärkeren Widerstand geleistet hätten. Die Angst vor den aufkommenden Gefühlen oder vor der Verurteilung in der Familie, als schwarzes Schaf abgestempelt zu werden, ist ebenso schmerzlich wie die Angst vor der Mutter oder der Rache des Täters.

Jahrelang haben sie oft in zwei Wirklichkeiten gelebt: Nach außen schien alles perfekt zu sein, schien alles zu funktionieren – und innen erlebten sie die Hölle auf Erden. Kennzeichnend für das Trauma ist der Widerspruch: „Es ist geschehen – es ist nicht geschehen / es ist wahr – es ist nicht wahr."

Ein Wunder Gottes setzt dann ein, wenn sie Hilfe suchen. Bis zu diesem Schritt ist es oft ein weiter Weg. Therapien werden angefangen und ebenso blitzartig wieder beendet. Eine breite Aufklärungsarbeit und die öffentlichen Diskussionen zu diesem Thema tragen wesentlich dazu bei, daß sich die Betroffenen immer neu, auch von außen, mit ihrem eigenen Erleben auseinandersetzen können.

Was ist nötig für eine Trauma-Aufarbeitung?

Die christliche Gemeinde kann meiner Ansicht nach entscheidend an einer positiven Verarbeitung mitwirken. Oftmals haben sich die Betroffenen vor dem (selbst gewollten) Bekanntwerden des Mißbrauchs aktiv am Gemeindeleben beteiligt. Plötzlich ziehen sie sich von der Gemeinde zurück. Sie fühlen sich als ausgestoßene Randfiguren, die mitleidig angesehen werden, und meinen, sie seien nun für immer abgestempelt.

Sätze wie: „Das glaube ich einfach nicht" oder „Wenn du richtig um Vergebung beten würdest" sind in solchen Situationen weder hilfreich noch angebracht, sondern erhöhen den Schmerz der Betroffenen. Der Kreis, der jahrelang mit Mauern und Stacheldraht das Geheimnis umringt hat, öffnet sich zwar durch das Aussprechen ein wenig, schließt sich aber durch lieblose Bemerkungen sehr schnell wieder.

Der gefühlsmäßige Rückzug der Mißbrauchten wird oft unterstützt mit den Selbstvorwürfen: „Hätte ich doch lieber geschwiegen! Warum habe ich überhaupt etwas erzählt? Laßt mich doch in Ruhe! Ich weiß selbst nicht, was ich glauben soll. Mir kann niemand vergeben, Gott erst recht nicht!"

Hilfreich ist eine Gebetsgruppe im Hintergrund, die als Begleitung für die Betroffenen, aber auch dem ganzen persönlichen Umfeld zur Seite steht. Für eine Aufarbeitung des Traumas, die mit Erfahrungen aus Konzentrationslagern zu vergleichen ist, ist wirklich Gottes Eingreifen und Durchtragen nötig.

Sehr wichtig scheint mir, daß sich die Gemeinden der Thematik des sexuellen Mißbrauchs stellen, daß sie sich von Fachleuten beraten und informieren lassen, daß sie weder die Augen noch die Ohren verschließen, sondern ihr Herz öffnen gegenüber diesen Frauen und Männern, denen die Kindheit gestohlen und/oder deren Seele auf grauenhafte Weise gemordet wurde.

Seelsorge ist für mich eine gute Ergänzung zur Therapie. Trotzdem sind für mich einige Punkte für die Seelsorge wichtig, wie z. B. die Gratwanderung zwischen Nähe und Distanz, die eigenen blinden Flecken, die eigenen Grenzen zu spüren, zu beachten und zu respektieren, die eigene Ohnmacht, die Hilflosigkeit auszuhalten.

„Ohne die Gruppe wäre ich nie da, wo ich heute bin“, sagt die dreiundfünfzigjährige Claudia.

Zur Aufarbeitung ist die fachliche Hilfe von Therapeutinnen und Therapeuten, die sich speziell in dieser Thematik ausgebildet haben, ebenso wichtig wie der Besuch einer Selbsthilfe- oder fachlich geleiteten Therapiegruppe. Als Gefahr bei den Selbsthilfegruppen sehe ich die „Überidentifizierung“ mit der Thematik und der einseitigen Täter-Opfer-Sicht. Festhalten am Haß auf den oder die Täter und das Festhalten der Opferrolle helfen wenig zur Heilung und zur Befreiung.

Vorteile der Gruppe sehe ich darin, daß die Betroffenen die gleiche Geschichte haben. Diese Erkenntnis befreit sie von der Isolation. Die Gemeinsamkeit und der Schutz der Gruppe erlaubt es, wieder langsam Vertrauen zu entwickeln und in diesem Vertrauen auch Gefühle zuzulassen.

Verdachtsmomente bei aktuellem Mißbrauch

Ein Aufdecken des Mißbrauchs dient nicht in erster Linie der Bestrafung des Täters oder Täterin, sondern dem Schutz des Kindes. Ziel ist, die Übergriffe zu beenden.

Hierbei gilt es, Ruhe zu bewahren und sich bei einer vertrauenswürdigen Person auszusprechen. Dabei denke ich vor allem innerhalb einer christlichen Gemeinde an Menschen, die sich mit diesem Thema schon befaßt haben. Auf keinen Fall darf in Eigenregie oder überstürzt gehandelt werden. Das Kind lebt meist schon seit längerer Zeit in der Mißbrauchsituation und hat notgedrungen genügend Überlebensstrategien entwickelt, um damit umzugehen. Es wählt bewußt oder unbewußt die Vertrauensperson aus, die versteckte oder offene Hinweise wahrnimmt und diese auch versteht.

Ein weiterer Schritt wäre dann, in Zusammenarbeit mit einer kompetenten Stelle die fünf W-Fragen zu klären: Wer hat was, wann, wo und wie oft gesehen, gehört? Unter keinen Umständen darf der Täter oder die Täterin erfahren, daß sich das Kind jemandem anvertraut hat. Er/Sie könnte das Opfer oder die ganze Familie mit zusätzlicher Gewalt sicher zum Schweigen bringen. In der Fachsprache würde das heißen: Das System schließt sich.

Zu bedenken ist auch, daß oft mehrere Kinder gleichzeitig mißbraucht werden, die untereinander keine Ahnung vom Leid ihrer Geschwister haben. Jedes leidet „stumm“ und einsam.

Welche Signale könnten auf einen Mißbrauch hinweisen?

Sexueller Mißbrauch hinterläßt fast nie sichtbare Spuren. Dies ist für die Opfer schwer zu begreifen, was sie natürlich an ihrer Wahrnehmung zweifeln läßt. („Habe ich nur geträumt? Was ist passiert?“) Ganz anders verhalten sich Kinder bei körperlicher Gewalt. Sie schreien und flehen, so daß die ganze Nachbarschaft mithört.

Auf einen Mißbrauch deuten z. B. alle Verletzungen im analen und im genitalen Bereich (Risse, Kratzspuren usw.), psychosomatische Beschwerden, dem Alter nicht entsprechendes sexualisiertes und/oder distanzloses Verhalten, Verschlossenheit, Weglaufen aus dem Elternhaus, Haare ausreißen, Selbstverstümmelung, Schlafstörungen, Konzentrationsschwäche, Sprachstörungen, Hauterkrankungen, Einkoten, Bettnässen, Bauch- und Unterleibschmerzen, Schwangerschaften, Blutungen, Lähmungen, Magersucht, Eßsucht, zwanghaftes Verhalten, Ängste. Die Auffälligkeit von sexuell ausgebeuteten Kindern liegen meistens im Verhaltensbereich.

Vorbeugung

„Auch ich habe meinen Kindern immer wieder erklärt, daß sie nicht in fremde Autos steigen sollen und nichts von Unbekannten entgegennehmen sollen.“ Sicher sind diese Ermahnungen allen Müttern bekannt. Täter sind aber selten Fremde!

Auch die beste Beziehung einer Mutter oder eines Vaters zum Kind kann nicht einen sexuellen Mißbrauch unter allen Umständen verhindern oder erahnen. Aber eine offene, ehrliche Sexualerziehung kann das Kind schützen.

Mut zum „Neinsagen“ sollte gefördert-, gute und schlechte Geheimnisse sollten besprochen werden. Erziehung zur Selbständigkeit fordert uns heraus und ist gewiß nicht einfach. Erwachsene müssen die Grenzen des Kindes anerkennen und einhalten.

Kinder brauchen verläßliche Orientierungen, damit sie ihre eigenen Stärken und Grenzen einschätzen lernen und gefährlichen Situationen nicht wehrlos und ohne Hilfe ausgesetzt sind. Mädchen oder Jungen, die als Kleinkinder in ihrer Ängstlichkeit und Hilflosigkeit bestärkt werden, fällt es oft schwer, unabhängig und eigenständig zu werden.

Kinder brauchen Vorbilder, die achtungs- und respektvoll die Grenzen der Nächsten annehmen, die den eigenen und den fremden Körper als wirklichen Tempel Gottes sehen.

Heilung, Aufarbeitung – gibt es das wirklich?

Fast jeder große chirurgische Eingriff hinterläßt Narben. Auch bei sexuellem Mißbrauch bleiben die Narben bestehen und erinnern an die verlorene Kindheit. Was in dreißig Sekunden, in zwei, acht, oder zehn Jahren kaputtging, kann nicht von heute auf morgen bewältigt werden. Deshalb sind die Betroffenen auf die Geduld und das Verständnis ihres Umfeldes angewiesen. Sie brauchen oft Jahre, um dieses verlorene Kind wiederzufinden, um es liebevoll akzeptieren zu können.

Ein neues Haus zu bauen braucht seine Zeit. So braucht auch eine Heilung ihre Zeit. Auch Betroffene brauchen ein „neues Haus“, worin sie sich wohlfühlen, worin sie sicher sind, worin sie vertrauen können.

„Es ist wie ein Furunkel, das sich entzündet und schmerzt, bis endlich das ganze Abwehrsystem des Körpers zu arbeiten beginnt und es sich mit Eiter füllen kann, um dann zu platzen. Die Narbe davon trage ich lebenslang“, sagt die sechsundvierzigjährige Lioba.

Das Schweigen beenden

Mißbrauchte Kinder geraten als Erwachsene häufig wieder in abhängige, gewaltvolle Beziehungen, in denen ihre Kinder meistens wieder mißbraucht werden. Das Drama wiederholt sich.

Alle sozialen und medizinischen Institutionen haben mit aktuell oder ehemals sexuell ausgebeuteten Kindern zu tun. Sexuelle Ausbeutung und Inzest sind ein Problem unserer Gesellschaft, in dem sich brutal unsere Machtstrukturen spiegeln. Wir alle sind gefordert, uns gut über die Hintergründe und die Auswirkungen sexuellen Mißbrauchs sowie über das Verhalten der Opfer und Täter zu informieren, das Schweigen zu beenden und mit der nötigen Achtung die Problematik anzusprechen.

Gott braucht Menschen, um Opfer auf diesem Weg zu begleiten. Können wir unsere Herzen, unsere Augen und Ohren dafür öffnen? Können wird uns gebrauchen lassen?

Beate: „Was hast du mit deinem kleinen Mädchen gemacht?“

Mir fällt es auch zweieinhalb Jahre nach der Aufdeckung meines Mißbrauchs noch schwer, darüber zu reden bzw. diesen Satz schriftlich vor mir zu sehen.

Ich bin dreiundfünfzig Jahre alt, seit dreiunddreißig Jahren verheiratet, habe vier erwachsene Kinder, vier Schwiegerkinder und neun Enkelkinder. Eigentlich könnte jeder meinen, was will diese Frau denn, sie hat doch alles, was man sich wünschen kann. Das wäre aber nur die eine Seite meines Lebens. Die andere Seite sieht ganz anders aus. Ich mußte durch viel körperliche und seelische Not gehen, bis hin zum Zusammenbruch des Immunsystems, was sich in einer schlimmen Allergie äußerte. Mein Leben wurde dadurch sehr stark beeinträchtigt. Als ich kaum noch etwas essen und trinken konnte und nur noch mit einer Schutzmaske unter Menschen konnte, entschloß ich mich zum Aufenthalt in einer Klinik für Allergologie und Umwelterkrankungen. Dort wurde Psychotherapie angeboten, die ich für mich annahm.

Von Anfang an hatte ich großes Vertrauen zu dem Therapeuten. Schon beim ersten Gespräch konnte ich ihm sagen, daß ich schon immer das Empfinden hatte, daß etwas Schlimmes in meiner Kindheit passiert sein mußte, aber ich nicht wußte, was. Mein Leben habe ich mit einem dicken Knoten verglichen, der aus vielen kleinen Knoten besteht. Ich wollte diese Knoten lösen, um wieder gesund zu werden, wollte endlich leben und nicht mehr vegetieren. Durch die Therapie bin ich langsam an meine Vergangenheit herangekommen. Das war ein schmerzhafter Prozeß. Noch niemals habe ich so viel geweint und so viele schlaflose Nächte und ruhelose Tage erlebt. Als mir dann der Mißbrauch langsam bewußt wurde, befaßte ich mich in Gedanken mit allen Männern, die in unserem Haus zu Besuch waren. Ich wollte das Gesicht des Mannes erkennen, der mir dieses Schlimme angetan hatte. Noch einen Tag vor der Wahrheit konnte ich mir nicht vorstellen, daß es der eigene Vater war. Aber die Wahrheit heißt: Es war der eigene Vater.

Zum Glück besuchte mich gerade mein Mann, mit dem ich alles besprechen konnte und der mich in meiner ersten Erschütterung auffing. Zuerst empfand ich nur Erleichterung. Ich hatte Recht behalten, es war etwas Schlimmes in der Kindheit passiert. Zu viele Menschen hatten mir geraten, ich sollte alles ruhen lassen. Die Wahrheit wird dich frei machen, daran habe ich mich immer geklammert. Nun wußte ich: Ich habe jetzt eine Chance, gesund zu werden.

Nach der ersten Euphorie bekam ich in der Nacht wahnsinnige Unterleibsschmerzen, die weder durch Wärme noch durch Medikamente zu beeinflussen waren. Langsam wurden mir die ersten Zusammenhänge zu meinen Erkrankungen bewußt. Und es stieg Wut in mir auf, so heftig, wie mir das bis dahin fremd war. Ich glaube, ich habe in der Nacht das einzig Richtige gemacht und nach dem ersten Schrecken über die Wut die Wut rausgelassen, indem ich meine Eltern in Gedanken ausgepeitscht und mit ihren eigenen frommen Worten beschimpft habe.

Hier sollte ich sagen, daß ich in einem sehr christlichen Elternhaus aufgewachsen bin, mit viel Moral und Strenge. Diese doppelte Moral machte mich jetzt wütend und traurig zugleich. Wir galten in der Gemeinde als die „heilige Familie“. Das heißt: mein Vater war ein angesehener Ältester und hat auch von der Kanzel Moral gepredigt. Mir fielen all seine Aussagen und auch die meiner Mutter zum Thema Sexualität ein. Noch jetzt beim Schreiben wird mir ganz übel.

In einem Gespräch fragte mich mein Therapeut: „Wie sieht es denn jetzt mit Ihrem Gottesbild aus?“ Ich antwortete: „Gott hat jedem Menschen den freien Willen gelassen, und wenn mein Vater sich gegen Gottes Willen entschieden hat, denn Gott will nicht, daß Kinder mißbraucht werden, dann kann ich Gott nicht dafür verantwortlich machen.“ Ich hätte mir natürlich gewünscht, Gott hätte es verhindert, und das habe ich ihm auch geklagt. Aber mein Vater hat acht Jahre lang seinen Willen ausgelebt. Und was für mich noch als erschwerend dazu kam war, daß mich meine Mutter nie vor den Übergriffen meines Vaters geschützt hat. Ich habe damals die für mich einzige Überlebensstrategie entwickelt, nämlich, die vielen schlimmen Taten perfekt zu verdrängen, d. h. ich habe sie aus meinem Gedächtnis verbannt und ich konnte mich daher über vier Jahrzehnte nicht an den Mißbrauch erinnern. Ich habe viele Gespräche mit Seelsorgern geführt, weil ich spürte, daß bei mir etwas nicht in Ordnung war. Nur daran, daß ein Mißbrauch durch den Vater stattgefunden haben könnte, haben wir nie gedacht. Es paßte ja auch überhaupt nicht in unsere Vorstellung von einem Christen. Solche Taten schieben wir, denke ich manchmal, nur den „Weltmenschen" zu.

Zu einer meiner ersten Fragen in der Therapie gehörte auch die Frage nach unseren Kindern. Ich wußte immer schon, und darunter habe ich gelitten, daß ich unseren Kindern nie die Liebe zeigen konnte, die ich für sie empfand. Ich habe sie viel vom Verstand aus geliebt, weil ich wußte, daß Kinder Liebe und Zuwendung brauchten. Meine Gefühle blieben aber auf der Strecke.

Die Beziehung zu meinem Mann war natürlich durch den Mißbrauch stark negativ geprägt. Die vielen Probleme, die wir nicht nur auf sexuellem Gebiet miteinander hatten, konnte ich nach und nach immer besser einordnen. Das ging aber nur langsam, weil mir die Zusammenhänge erst allmählich bewußt wurden. Das nehme ich als ein Geschenk von Gott an, denn die ganze Tragweite, die durch den Mißbrauch langsam sichtbar wurde, hätte ich auf einmal gar nicht verkraftet. Ich weiß nicht, ob ich überhaupt so unvoreingenommen an die Aufarbeitung gegangen wäre. Den Schmerz bei der Aufarbeitung wollte ich ja zulassen, aber daß so viele Bereiche meines Lebens mitbetroffen waren, habe ich nicht geahnt.

Der Mißbrauch dauerte von meinem vierten bis zum zwölften Lebensjahr. Er hörte nur deshalb auf, weil mein Vater schwer erkrankte.

Jetzt möchte ich berichten, was ich bei der Aufarbeitung des Mißbrauchs durch meinen Vater erlebt habe und wie ich damit umgegangen bin.

Am Anfang hatte ich viel Mühe, das Wort Mißbrauch überhaupt auszusprechen. Es war zu ungeheuerlich, was in meiner Kindheit passiert war. Mein Therapeut hatte mir eine weiterbegleitende Psychotherapie empfohlen und mir gleichzeitig geraten, nicht mit meinen Geschwistern über den Mißbrauch zu sprechen. Ich war damals jedoch fest davon überzeugt, da alle meine Geschwister Christen sind, daß sie an der Wahrheit über unsere wirkliche Familie interessiert sind mit der Tatsache umgehen können und mir beistehen würden. Leider sieht das ganz anders aus. Ich komme später noch darauf zurück.

Mein Mann und ich meinten zuerst, als Christen schaffen wir die Aufarbeitung des Mißbrauchs mit seelsorglicher Begleitung allein. Aber es kam ganz anders. Es verging kaum ein Tag, an dem ich nicht durch irgendeine Begebenheit in meinem Alltag an den Mißbrauch erinnert wurde. Das waren dann immer schlimme Bilder, die aus meiner Seele aufstiegen. So ging ich zum Beispiel wie immer zur Sparkasse, um Geld abzuheben. Auf einmal begegnete mir dort ein Mann, der meinem Vater ähnlich sah und auch, wie später mein Vater, halbseitig gelähmt war. Es erschienen innere Bilder des Mißbrauchs vor meinen Augen, gepaart mit der Wut, diesen Mann umzubringen, der mir das alles angetan hatte. Ich mußte die Sparkasse schnell verlassen, um nicht handgreiflich zu werden. Über meine Empfindungen war ich erschüttert.

Nach diesem und ähnlichem Erleben wußte ich, daß ich ohne fachliche Hilfe eines Therapeuten mit der Tatsache des Mißbrauch nicht allein fertig werden kann.

Ein Neurologe nannte mir einen Therapeuten. Schnellstens habe ich ihn angerufen und ihm schon am Telefon die Ursache „Mißbrauch“ für eine Psychotherapie genannt. Es grenzte für mich an ein Wunder, daß er mit mir sofort einen Termin vereinbarte und mir zu verstehen gab, daß er in diesem Falle Zeit für mich hätte. Ich habe in dem allen Gottes Führung gesehen. Es war kein christlicher Therapeut, aber ein Mensch, der mir aufmerksam zuhörte und mich immer als ganzen Menschen im Blick hatte. Für mich war wichtig, daß er mein Christsein stehenließ. Für den seelsorglichen Bereich standen mir andere Menschen zur Seite. Dafür bin ich Gott dankbar.

Manchmal hatte ich allerdings auch den Eindruck, daß ich sehr allein war, und zwar meistens dann, wenn mich schreckliche Bilder aus meiner Vergangenheit einholten. Es waren schmerzliche Erfahrungen, wenn ich meinen eigenen Mißbrauch noch einmal erleben mußte. Einmal sah ich in einem Traum, wie ich nach dem Mißbrauch nach Hause kam und dann keiner da war, der mich in Schutz nahm und mich in meinem gerade erfahrenen Leid überhaupt wahrnahm. Ich fühlte mich wieder so alleingelassen wie damals in meiner Kindheit. Dann habe ich meistens meinen Mann geweckt und ihm die schrecklichen Träume erzählt. Die Gefühle des Ekels, der Scham, der Wut, der Hilflosigkeit gegenüber einer mir unbegreiflichen Gewalt, die ich gerade hatte über mich ergehen lassen müssen, waren wieder da. Damals durfte ich ja nicht darüber sprechen, das wäre mein Todesurteil gewesen. Das hatte mir mein Vater deutlich gezeigt, indem er mich würgte, wenn ich versuchte, um Hilfe zu schreien. Außerdem mußte ich meinem Vater auch versprechen, von unserem Geheimnis niemandem etwas zu sagen. Und wer hätte mir denn geglaubt! Wir waren doch eine angesehene Familie in der Gemeinde, im Bekannten- und Freundeskreis. Dazu kam, daß mein Vater selbständiger Handwerker war. Nach außen mußten wir doch die heile Familie spielen.

Gern wäre ich ein fröhliches Kind gewesen. Aber ich fühlte mich oft sehr allein. Darunter habe ich gelitten. Ich wurde immer verschlossener und ließ niemanden mehr an mich heran. Mein Vertrauen zu meinem Vater und meiner Mutter und zu anderen Menschen, die mir sagten, sie würden alles aus Liebe tun, war auf übelste Weise zerstört.

Ich möchte nun zurückkommen zu meinen Geschwistern. Ich habe vier Brüder und zwei Schwestern. Nachdem ich meiner Zwillingsschwester von meinem Mißbrauch erzählt hatte, ging sie immer mehr auf Distanz zu mir. Obwohl sie beim Jugendamt als Sekretärin arbeitet und also von solchen Schicksalen weiß, kam nie eine Rückfrage, wie es mir während der Zeit meiner Aufarbeitung ging.

Von meiner älteren Schwester wurde ich sogar „zum Täter gemacht“: Jetzt, wo der Vater tot wäre und sich nicht mehr wehren könnte, käme ich mit den Sachen heraus. Ich sollte es auch keinem erzählen, denn ich würde dadurch die Familie in Unehre bringen. Aber das war noch nicht alles. Nach diesem Telefongespräch wollte ich meinem ältesten Bruder von meinem gerade erfahrenen Leid erzählen. Die Reaktion war noch schlimmer. Er sagte: „Ich will gar nichts wissen von dem, was war, du hast zu vergeben, und wenn du das nicht tust, gehörst du, wie so viele Menschen, die ich in jahrelanger Seelsorge betreut habe, zu den Namenschristen. Diese Typen Mensch habe ich zur Genüge erlebt." Ich verstand die Welt nicht mehr, war wie erschlagen. Ich mußte leider begreifen, daß es bei uns nicht anders war als bei Nichtchristen. Schmerzlich wurde ich an die Worte meines Therapeuten erinnert: „Ihre Geschwister werden es nicht ertragen, weil Sie ihnen ihr Vaterbild zerstören."

Aber mein Vaterbild ist doch damals schon zerstört worden! Ich hätte die ganze Welt zusammenschreien können. Ich fühlte mich einfach nicht wahrgenommen, mit meinem Schmerz alleingelassen. Es war, als würde die ganze Welt über mir zusammenstürzen. Ich habe es dann nur noch zaghaft einem Bruder erzählt, der mir sofort glaubte, da er beruflich mit dem Thema Mißbrauch zu tun hat. Meinen beiden anderen Brüdern habe ich nichts mehr erzählt, weil ich merkte, ich muß mich vor weiteren Übergriffen und Verletzungen schützen.

Das Thema „Mutter" möchte ich an anderer Stelle noch einmal aufnehmen. Es fällt mir noch zu schwer, darüber zu schreiben. –

Ich habe allerdings auch gute Erfahrungen gemacht. Nachdem ich damals diese schlimmen Träume hatte, träumte ich einmal gegen Morgen, daß mein Leidensbuch auf Seite 368 zugeschlagen wurde. In mir war eine große Freude, denn mir wurde bewußt, daß Gott all mein Leid gesehen hatte und mich mit diesem Traum trösten wollte.

Ich habe damals leider geglaubt, daß das Leidensbuch endgültig zugeschlagen wäre. Als dann die nächsten Erinnerungen hochkamen, war ich wie vom Donner gerührt. Jetzt wurde ich durch bestimmte Gerüche an verschiedene Szenen des Mißbrauchs erinnert, manchmal durch Nahrungsmittel oder durch Gesten oder Redewendungen. Es verging kaum ein Tag, an dem ich nicht durch irgendetwas an den Mißbrauch erinnert wurde. Das waren immer sehr schmerzvolle Stunden und Tage. Ich wäre manchmal am liebsten auf die Straße gegangen und hätte in die Welt hinausgeschrieen: „Ich wurde vom Vater mißbraucht!" Es schrie alles in mir, und es hat mich viel Kraft gekostet, mich unter Kontrolle zu halten.

Da ich als Kind verlernt hatte zu weinen und ich auch jetzt nur sehr schwer an meine Gefühle herankam, wurde mir bewußt, ich brauche jemandem, dem ich erzählen kann, wenn wieder Bilder und Erinnerungen in mir hochkommen. Ich bin dann in die Stadt gefahren und habe mir einen Stofftierdackel gekauft. Dem habe ich dann alles erzählt und dabei meine Trauer und Wut rauslassen können. Ich hatte das Gefühl, wenn ich immer bis zum Abend warte, bis mein Mann nach Hause kommt, ersticke ich bis dahin an der Trauer und der Wut. Ich wollte doch auch nicht immer wieder Menschen belasten, obwohl ich mich sehr einsam fühlte. Manchmal hatte ich das Empfinden, Angst vor meinen eigenen Gefühlen zu haben. Ich konnte meine Gefühle ja kaum zulassen. Ich hatte Angst, es könnte dann etwas Schlimmes passieren. Es hat lange gedauert, bis ich begriff, ich habe diese Gefühle der Trauer und der Wut sehr lange unter Verschluß gehalten. Aber sie gehören zu mir und ich muß ihnen erlauben, daß sie leben dürfen.

Einmal konnte ich die Wut so deutlich spüren, daß ich meine Seelsorgerin anrief und sie bat, mir beizustehen. Sie war so ehrlich zu sagen: „Das traue ich mir nicht zu, weil ich nicht weiß, wie ich damit umgehen soll, wenn du dabei einen Asthmaanfall bekommst. Wenn es dir möglich ist, dann warte bis zum Termin bei deinem Therapeuten, der ist Mediziner und Therapeut zugleich.“ Es folgten jetzt vier schlimme Tage für mich und meinen Mann. Schon bei der Begrüßung merkte mein Therapeut, daß ich unter starkem inneren Druck stand. Ich bestätigte das auf seine Nachfrage hin: „Ja, ich drohe an meiner Wut auf meine Eltern zu ersticken.“ Er sagte nur: „Gehen Sie schon mal ins Sprechzimmer, ich gehe nur nach nebenan, um eine Matratze zu holen.“

Nach nur kurzem Gespräch kam eine Wut aus mir heraus, die ich nicht für möglich gehalten hatte. Ich habe die Matratze so zusammengeschlagen, daß mir mehrere Tage Hände, Arme und Rücken schmerzten. Ich war körperlich und seelisch total erschöpft. In einer kurzen Pause erinnerte ich mich plötzlich wieder an Situationen, die noch einmal Wut in mir hochkommen ließen. Ich habe dann meinen Therapeuten wie ein kleines Kind angesehen und um Erlaubnis gefragt, auch diese Wut noch herauslassen zu dürfen. Durch diese Begebenheit wurde dem Therapeuten und auch mir bewußt, daß ich als Kind meiner Wut keinen Ausdruck geben durfte. Ich fühlte mich danach einige Zeit erleichtert.

Ich fuhr dann in meine Heimatstadt, auf dem Friedhof mußte ich das Grab meines Vaters erst suchen. Ich stellte mich auf die Grabumfassung und sagte meinem Vater alles, was mich bewegte, auch, daß ich bereit sei zur Vergebung, aber erst, wenn ich es könne. Und wenn noch einmal Wut und Trauer hochkommt, würde ich ihn noch einmal in Gedanken auspeitschen.

Da ich ja christlich erzogen worden war, meinte ich, meinem Vater und meiner Mutter jetzt schon vergeben zu müssen, obwohl mir Fachleute gesagt hatten, ich solle damit warten, bis ich meine Gefühle herausgelassen hätte. Meiner Mutter kann ich noch nicht vergeben, da sie noch lebt, mir aber nicht glaubt, was mir durch ihren Mann geschehen ist. Das war für mich ein schwerer Schlag. Da habe ich eine Mutter, die mich in meiner Kindheit nicht vor dem Vater geschützt hat, und die mich auch jetzt nicht auffängt. Dabei hatte sie in unserem ersten Gespräch gesagt, daß ihr das alles sehr leid tut und sie sich das auch alles vorstellen könnte, da sie ihren Mann ja kenne, der sie durch die Betten gescheucht, getreten und geschlagen hatte. Gott selber habe ihn gestraft, da genau diese Seite, mit der er sie geschlagen hatte, durch einen Unfall gelähmt geblieben sei. Meine Mutter ist dann wohl zu meiner ältesten Schwester gefahren, hat mit ihr über alles geredet und ist dann wie auch meine Schwester zu dem Schluß gekommen: Das sei alles nicht wahr, und ich würde die Familie in Unehre bringen. Es wäre besser gewesen, ich wäre nie in dieser Klinik gewesen, dann wäre nichts herrausgekommen. Meine Mutter und die Schwester sind überzeugt, daß sie keine Therapeuten brauchen, denn sie haben doch Gott. Psychotherapie sei antigöttlich.

Manchmal fragte ich mich ganz verzweifelt, ob ich wohl jemals mit den Folgen des Mißbrauchs fertig würde. Oft fehlten mir Kraft und Mut zur weiteren Auseinandersetzung. Einmal habe ich dann die Ältesten unserer Gemeinde gerufen, damit sie für mich um neue Kraft beten sollten. Und ich bekam diese neue Kraft und konnte weiter aufarbeiten. Dabei begleitete mich das Bibelwort aus Jeremia 17,14: „Heile du mich, Herr, so werde ich heil; hilf du mir, so ist mir geholfen." Jetzt wußte ich wieder: Gott ist mein Helfer, er ist auf meiner Seite.

Meine Allergie bestand noch immer. Sie wurde sogar in den schweren Zeiten der Aufarbeitung machmal noch stärker. In mir war aber ein unbändiger Wille zum Leben.

Wenn mir Bilder immer wieder in den Sinn kommen oder bestimmte Gedanken mich nicht mehr loslassen, dann ist es das Beste, wenn ich diesen Impulsen nachgebe. So sind mein Mann und ich an einem kalten Novembertag zusammen in meine Heimatstadt gefahren. Mir sind dabei viele Zusammenhänge zwischen meinem Mißbrauch und meiner Allergie bewußt geworden. Außerdem merkte ich, daß ich noch einmal an meinen Gefühlen arbeiten mußte. Kaum waren wir aus dem Auto gestiegen, da war dieser Geruch von Kohleöfen wieder da, und gleichzeitig tauchten die Bilder von dem Mißbrauch wieder auf. Immer wenn ich Milch holte und sah, daß mein Vater in der Werkstatt war, mußte ich in die Werkstatt kommen, sonst schlug er mich später. Mir wurde der Zusammenhang zu meiner Milcheiweißallergie bewußt. Ich sah dann wie in einem Film, wie ich nach dem Mißbrauch den Weg nach Hause gekrochen bin, vorbei an dem Frisör. Auch dieser Geruch war wieder da und die Worte meines Vaters: „Zum Frisör gehen nur Huren." Da wurde mir auch der Zusammenhang zu meiner Duftallergie bewußt. Mein Mann und ich sind dann den Weg von der Werkstatt zum Elternhaus gegangen. Mir wurde übel, wenn ich mich da nach dem Mißbrauch sah. Aber zu Hause hat mich keiner aufgefangen. Es wurde einfach weggesehen. Auf dem Weg zum Auto blieb ich dann plötzlich stehen und sagte zu meinem Mann: „Jetzt ist Schluß. Die haben keine Macht mehr über mich! Ich will jetzt leben! Ich will nicht mehr vegetieren. Ich will nicht mehr mit der Atemmaske rumlaufen!"

Da sind mein Mann und ich Essen gegangen. Ich wollte diesen Entschluß feiern. Und es ist für mich noch immer wie ein Wunder, denn alles, was ich gegessen habe, habe ich ohne allergische Reaktionen vertragen. So wurden mir nach und nach die Zusammenhänge zwischen meiner Allergie und meinem Mißbrauch bewußt. Seit dieser Zeit kann ich wieder alles essen, ohne daß ich wieder allergische Reaktion bekommen habe.

Während einer Tagung habe ich dann unter starkem, inneren Druck meinem Vater vergeben, weil mich das Bibelwort: „Wenn ihr nicht vergebt, wird auch euch nicht vergeben“, verfolgt hatte. Ich denke schon, daß der Wille, ihm zu vergeben, echt war, nur meine Seele konnte das noch nicht zulassen, weil noch viel zu viel Trauer und Wut in mir waren. Bei dem Abendmahlsgottesdienst stieß ich auf das Bibelwort aus Psalm 34,9: „Der Herr ist nahe denen, die zerbrochenen Herzens sind, und hilft denen, die ein zerschlagenens Gemüt haben.“ An diese Zusage Gottes habe ich mich geklammert.

Im Februar 1995 besuchte ich ein Seelsorgeseminar. Dort wurde mir bewußt, daß ich mich durch die frühkindlichen Erfahrungen als nicht wertvoll ansah. Als Kind hatte ich mich durch eine gefühlsmäßige Entscheidung in diese Position gebracht, aber jetzt konnte ich eine neue Entscheidung treffen – eine Willensentscheidung. Bewußt habe ich mich für die Position entscheiden: „Ich bin wertvoll!“ Das war eine große Entscheidung. Nach und nach lernte ich, diese in meinem Leben umzusetzen. Jetzt konnten mich nicht mehr so viele Menschen verletzen, weil ich wohl ausgestrahlt habe: „Ich bin wertvoll.“ Meine wöchentlichen Therapiestunden haben mich in dieser Entscheidung unterstützt. Dafür bin ich Gott dankbar.

Das neue Jahr fing nicht gut an. Bei einem Besuch bei meiner Mutter kam es zu einem Streit. Ein Wort gab das andere. Schließlich beschuldigte sie mich der Lüge: Mit dem Mißbrauch, das sei alles nicht wahr. Ich solle endlich damit aufhören und solle jetzt gehen. Nachdem sie das dreimal gesagt hatte, bin ich gegangen und habe ihr gesagt: „Ich komme erst wieder, wenn du zurücknimmst, daß ich eine Lügnerin bin.“

Elf Monate habe ich dann vergeblich auf einen Anruf meiner Mutter gewartet. Während dieser Zeit bekam ich einen Hörsturz – an dem Ohr, an das ich immer den Telefonhörer halte. Das war für mich kein Zufall. Die Infusionstherapie hat natürlich auch nicht angeschlagen. Aber ich wollte mich nicht wieder unterkriegen lassen. Im Dezember hatte mein Bruder, der mir glaubte, meine Mutter besucht und ihr deutlich gemacht, daß ich nicht lüge und sie mich damals nicht geschützt hat und sie es heute wieder nicht tut.

Da rief sie mich an dem nächsten Tag an und sagte: „Ich habe eine schlechte Nacht hinter mir. Ich will, daß ihr heute vorbeikommt, ich habe etwas mit dir zu besprechen.“ An diesem Tag konnte ich nicht kommen und darum bat ich um Bedenkzeit. Dann kam ich aber unter inneren Druck aus Angst, sie könne in ihrem vorgerückten Alter noch vor unserem Gespräch sterben. Meine Gefühle von Wut und Trauer, weil ich wieder alleingelassen worden war, gepaart mit Angst, wieder nicht verstanden zu werden, gingen jetzt ständig in meinen Gedanken durcheinander. In dem Gespräch entschuldigte sich meine Mutter ziemlich schnell: „Es tut mir alles sehr leid, und ich möchte dich um Vergebung bitten.“ Mir wurde ganz elend zumute. Ich wollte doch erstmal erfahren, wie es zu dieser Sinneswandlung gekommen war. Auf meine Frage hin erfuhr ich dann auch, daß sie mit meinem Bruder gesprochen hatte, und ich solle ihr jetzt vergeben.

Aber das konnte ich doch noch gar nicht. Es war doch noch viel zu viel Trauer und Wut in mir, weil ich wieder über Monate alleingelassen worden war. Aber das verstand sie nicht. Ihr ging es offensichtlich nur um ihre eigene Entlastung. Ich wollte ihr vergeben, wenn ich es konnte, und nicht, weil es bei uns immer so üblich war, schnell zu vergeben. Inzwischen hatte ich ja gelernt, daß ich mir noch einmal die Verletzungen ansehen und die entstandenen, aber noch nicht gelebten Gefühle jetzt erst mal zulassen mußte.

Mir fiel auch ein Traum ein, den ich vor einiger Zeit hatte. Ich sah, wie in der Wohnung meiner Mutter der ganze Tisch mit einer Decke abgedeckt war. Ich sollte ihn aufräumen. Aber auf und unter der Decke lag so viel Unrat, daß ich gar nicht wußte, wo ich anfangen sollte. Es stank so fürchterlich, daß mir davon übel wurde. Durch den Traum wurde mir bewußt, daß ich erstmal alles aufdecken mußte, was unter der Decke verborgen war.

Ja, ich habe meine Gefühle zulassen können, als ich merkte, wie Wut und Trauer immer mehr fühlbar wurden. Ich habe unsere Sauna angestellt, da ich nicht noch einmal so lange schmerzende Hände haben wollte, habe meine Gymnastikmatte zusammengerollt und bin mit meinem Auto in einen abgelegenen Wald gefahren. Irgendwie spürte ich, daß es wohl sehr laut werden würde, wenn ich meine Gefühle herausließe. So war es dann auch. Ich habe all meine Wut und Enttäuschung hinausgeschrieen und dabei die Matte zusammengeschlagen. Mir wurden dabei auch die Zusammenhänge bewußt, warum ich Menschen, die mir sagen, daß sie mich lieben, nicht glauben kann. Ich hatte jegliches Vertrauen zu Menschen verloren. Darunter habe ich immer gelitten. Ich wollte vertrauen, konnte es aber nicht. Ein wirkliches Vertrauensverhältnis habe ich zu meiner Mutter nie gehabt. Das wurde mir jetzt bewußt und: Meine Mutter hat noch nie zu mir gestanden, sie sah immer weg, egal, was mit mir passierte und wie es mir ging. Ja, einiges von dem Dreck unter der Decke wurde sichtbar.

Trotzdem konnte ich jetzt meine Mutter wieder besuchen, weil ich ihr geglaubt habe, daß sie es ehrlich mit mir meinte. Was anderes konnte ich mir nicht vorstellen.

Einmal sah ich während der Therapie das Zimmer, wo ich oft mißbraucht worden war. Doch diesmal verlief alles anders. Ich hatte inzwischen die Kraft und den Mut zu schreien, um mich zu schlagen und zu treten und meinen Vater rauszuwerfen. Ich war zwar anschließend körperlich und seelisch fertig, aber auch froh zu wissen, mich mißbraucht niemand mehr.

Das alles war nur möglich, weil ich im Sommer diesen Jahres ein längeres Seelsorgeseminar besuchte. Dort habe ich den Schmerz und die Trauer über meine Vergangenheit noch einmal zugelassen. Mir wurde während eines Gruppengespräches bewußt, daß durch das, was mein Vater mit mir gemacht hatte, auch mein Gottesbild geprägt worden war. Ich hatte immer Angst vor Gott und konnte ihm auch nicht glauben, daß er mich bedingungslos liebte. In meinem Zimmer stand der Spruch: „Was er euch sagt, das tut." Ich konnte diesen Spruch kaum ertragen. Natürlich wußte ich, was dieser Vers für eine Bedeutung hatte, aber ich mußte immer tun, was mein Vater von mir wollte. In mir war die Frage: Wie muß ich in meinem Fall mit dem Gebot umgehen: „Du sollst Vater und Mutter ehren?" Ich begriff damals, daß mein Vater für das, was er mit mir gemacht hatte, nicht zu ehren ist. Die Vaterstellung hat er weit überschritten, und dafür ist er nicht zu ehren. Gott will nicht, das ein Vater seine kleine Tochter mißbraucht. Den Bibelvers habe ich damals zerrissen als Zeichen dafür, daß jetzt ein neues Gottesbild entstehen kann. Ich begann zu ahnen, daß Gott mich liebt, daß er ein wirklich liebender Vater ist. Diesen Tag feiere ich jetzt als meinen Geburtstag.

Ähnlich erging es mir mit meinem Mutterbild. Einmal bekam ich eine ganz große starke Sehnsucht, nur ein einziges Mal von meiner Mutter in den Arm genommen zu werden. Gleichzeitig war aber die Angst da vor meiner Mutter. Mich nahm dann eine Frau aus der Gruppe stellvertretend für meine Mutter in den Arm. Es war so wohltuend zu erfahren, da sind Menschen, die nehmen meine Bedürfnisse wahr und schenken mir gleichzeitig ihre Liebe.

Im Herbst nahm ich an einer Freizeit teil. Einmal kam das Thema Vergangenheitsbewältigung zur Sprache. Als dann mehrere aus unserem Kreis etwas gesagt hatten, waren sich alle einig, daß alles von Gott komme, das Gute wie auch das Böse. Da bin ich bald vor Wut geplatzt, habe all meinen Mut zusammengenommen und gesagt: „Wenn ich glauben müßte, daß das Böse, was ich in meiner Kindheit erleben mußte, von Gott kommt, würde ich verrückt.“ Ich sehe das nach wie vor so: Gott läßt das Böse auch von Christen zu, aber er will nicht, daß es geschieht. Ich war danach froh, meine Meinung vertreten zu haben, auch wenn mich viele nicht verstanden haben.

Zwei Monate später wollte ich mit meinem ältesten Bruder sprechen, um ihm zu sagen, wie sehr mich seine Aussage: „Du mußt vergeben, sonst gehörst du zu den Namenschristen“ verletzt hat. In dem Telefongespräch fragte er zuerst einmal, ob es um Verletzungen ginge. Als ich das bejahte, sagte er: „Du hast, wie ich erfahren habe, deine Mutter und deine Schwester zutiefst verletzt, und wenn ich dich damals verletzt habe und dich heute wieder verletze, so ist mir das scheißegal.“ Ich konnte und wollte darauf nicht reagieren, setzte mich aber in der dann folgenden schlaflosen Nacht hin und schrieb mir in einem Brief an meinen Bruder alles von der Seele, was ich ihm immer schon sagen wollte. Nach Rücksprache mit meinem Mann und meinem Therapeuten habe ich den Brief aber nicht abgeschickt. Jetzt habe ich begriffen, daß mein Bruder nicht verstehen würde, was ich ihm sagen wollte.

Einige Monate später nahm ich an einem Nachtreffen des Seelsorgeseminars teil. Mich beschäftigte seit einigen Wochen die Frage: Wo ist mein Vater? Ist er im Himmel, und wenn ja, will ich ihm da begegnen? Ist er in der Hölle, die ich ihm gewünscht hätte? Tatsächlich konnte ich mit dem Leiter ausführlich darüber sprechen. Es wurde ein langer innerer Kampf. Ich sollte meinem Vater noch einmal sagen: „Was hast du mit deinem kleinen Mädchen gemacht?" Für mich stand fest, mein Vater hat damals, als alles geschah, nicht auf Gottes Reden gehört. Wieso sollte er jetzt auf mich hören? Dann war mir, als ob Gott ihm diese Frage nach seinem Tod stellte: „Was hast du mit deinem kleinen Mädchen gemacht?" In mir tobte ein Kampf, wie ich das noch nie erlebt hatte. Nach einiger Zeit wuchs in mir die Bereitschaft, alles Gott zu überlassen. Mir wurde bewußt, es steht mir nicht zu, meinen Vater zu verurteilen. Es ist allein Gottes Sache. Nach einem inneren Kampf konnte ich meinem Vater vergeben. Das habe ich dann vor Zeugen getan, denn es würde für mich eine Hilfe sein, wenn später Anfechtungen kommen sollten. Dann könnte ich sagen, ich habe vor Zeugen meinem Vater vergeben. Mir war auch bewußt, daß ich nur das vergeben kann, was ich bisher erkannt habe.

Was ich danach erlebte, war für mich sehr beeindruckend. Obwohl kein Mensch in der Nähe stand, fühlte ich, wie mir eine Hand über den Kopf strich und mein Vater sagte: „Es tut mir leid, daß ich dir so viel seelische und auch körperliche Schmerzen zugefügt habe." Ich habe vor Freude geweint. Ja, ich habe meinem Vater vergeben. Ich war danach sehr erleichtert. Jetzt war die Zeit für die Vergebung reif.

Wenn mich meine Mutter immer wieder anrief, klagte sie mich hauptsächlich an. Besuchten wir sie, sah sie mich immer durchdringend an. War mein Mann nicht in der Nähe, machte sie mir wieder Vorwürfe. Dabei war in mir eine fast unbändige Sehnsucht, einmal von der Mutter so angenommen zu werden, wie ich war. Ich wollte doch nur ein einziges Mal von ihr geliebt werden. Da ich bei diesen Besuchen immer neu verletzt wurde, entschloß ich mich, zu meinem eigenen Schutz den Kontakt zu ihr so gering wie möglich zu halten.

Wieder einige Monate später, im Sommer, besuchte ich ein Trauerseminar. Ich hatte gemerkt, daß so sehr viel Trauer in mir war und gleichzeitig so viel Sehnsucht nach Liebe und Geborgenheit durch die Mutter in mir. Die Sehnsucht wurde fast unerträglich.

Vom Kopf her wußte ich, das meine Mutter nicht in der Lage ist, mich wirklich so anzunehmen und auf mich einzugehen, wie ich das brauchte. Aber meine Gefühle kamen da noch nicht mit. Ich wollte nicht mehr länger unter den unerfüllten Wünschen leiden. Darum hatte ich mich entschlossen, an diesem Trauerseminar teilzunehmen.

Dort fühlte ich mich von Anfang an gut aufgefangen. Wir hatten ja alle etwas zu betrauern. Einige für mich und meine Aufarbeitung wichtige Erfahrungen möchte ich noch nennen. Wir machten gedanklich eine Reise durch unser bisheriges Leben.

Anschließend sollten wir malen, was uns besonders aufgefallen war. Wenn ich an meine Gemälde denke, wird mir ganz schlecht. Ich habe nur mit schwarzer Farbe gemalt und hinter jedes der Bilder ein rotes Fragezeichen gesetzt. Mutter, wo warst du damals? Mutter, warum warst du nicht bei mir? Das letzte Bild habe ich dann abbrechen müssen, weil es zu schwer für mich wurde. Es handelte von meinem Vater. Nach der Entlassung aus der Schule hatte ich meinen gelähmten Vater, meinen Mißbraucher, pflegen müssen. Als ich ihn im Krankenbett malen wollte, malte ich an Stelle meines Vaters nur ein männliches Glied. Ich war ganz fertig.

Für mich hatte allerdings die Reise durch die Vergangenheit auch einen positiven Aspekt. Alles, was ich bis dahin schon aufgearbeitet hatte, erschien nicht mehr in meinen Bildern. Das gab mir Mut weiterzumachen.

Ein weiteres Erlebnis aus dem Trauerseminar. Wir gingen an einem Nachmittag in die verschiedenen Räume der Trauer. Der erste Raum, war der Raum der Wut. Da kam kaum noch Wut.

Im zweiten Raum, dem Raum der zugewiesenen Schuld, sah und hörte ich meine Mutter, die mir immer wieder sagte: „Du hast mir meinen Mann weggenommen." Und mein Vater sagte mir immer wieder: „Du hast es doch auch immer gewollt." Ich habe nur noch nein, nein, nein schreien können. Wie konnte ich als vierjähriges Mädchen meiner Mutter den Mann wegnehmen und wie konnte ich mißbraucht werden wollen? Ich war total empört, daß mir so etwas Schreckliches unterstellt worden war. Jetzt begriff ich die Zusammenhänge und das Verhalten meiner Mutter mir gegenüber. Deshalb also hatte sie mich nie aufgefangen. Ich mußte büßen, weil sie nicht ihrem Mann die Schuld an dem Mißbrauch gab, sondern mir. Und mein Vater hat vielleicht sogar geglaubt, daß ich den Mißbrauch wollte und hat deshalb mit dem Mißbrauch weitergemacht. Ich verstand die Welt nicht mehr. Nach all den schlimmen Erlebnissen nun auch das noch. Diese zugewiesene Schuld erdrückte mich. Ich bekam Atemnot und Schmerzen an all den Stellen meines Körpers, wie während und nach dem Mißbrauch.

In dem Raum der realen Schuld sah ich meinen Anteil an dem Nichtgelingen meiner Ehe, meines Lebens.

Der Raum der Liebe war ganz einfach leer. Erst viel später wurde mir bewußt, was das für mich bedeutete.

Am Ende des Trauerseminars konnte ich die unerträgliche Sehnsucht nach Liebe von meiner Mutter begraben. In diesem Zusammenhang habe ich begriffen, daß ich mich allein vor Verletzungen jeglicher Art schützen muß und auch kann. Ich brauche meine Mutter nicht mehr dazu.

Zuerst war ich erleichtert darüber. Aber schon bald merkte ich, daß es in mir sehr stark zu schreien begann. Als ich diesen Druck nicht mehr ertragen wollte, fuhr ich allein in die Heimatstadt, und habe dort in der Nähe unserer früheren Wohnung den ganzen Wald zusammengeschrieen. Ich weiß nicht mehr, wie lange das dauerte, aber danach war ich ganz heiser und erschöpft.

Manchmal empfinde ich jetzt noch Trauer darüber, was mir meine Eltern alles zugeschoben und zugemutet haben.

Ich muß wohl einen Vater im Himmel haben, der mich sehr lieb hat, der mir immer wieder bei meiner Aufarbeitung beigestanden hat und mir auch die nötige Kraft dafür gegeben hat.

Wieder hatte ich mir von meiner Mutter Vorwürfe anhören müssen. Schließlich fragte ich sie in einem Telefongespräch: „Willst du wissen, warum ich dich zur Zeit nicht besuchen kann, warum ich mich so verhalte?“ Zögernd antwortete sie mit ja. Nach meinen Erklärungsversuchen sagte sie dann nur: „Hör endlich mit der ganzen Geschichte auf. Ich glaube dir kein Wort. Es wäre besser, du wärest nie in der Klinik gewesen, dann wäre das alles nicht herausgekommen. Was hat man nur in der Klinik mit dir gemacht? Du mußt dort verhext worden sein.“ Ich war vollkommen fertig. Als ich die ganze Geschichte meinem Mann erzählte, konnte er das nicht glauben. Alles, wofür sich meine Mutter vor ein paar Monaten entschuldigt hatte, stand wieder zwischen uns. Ich hatte also damals recht mit dem Gefühl, daß es ihr damals nur um eine schnelle Entlastung ging und nicht um wirkliche Vergebung. Wie sonst sollte ich mir ihre neuen Anschuldigungen erklären?

Mein Mann und ich kamen zu dem Entschluß, persönlich und nicht am Telefon mit ihr zu sprechen, wobei mein Mann das Reden übernehmen sollte und ich „nur" die Begleitung. Mir war ganz mulmig zumute. Schon nach kurze Zeit begann mein Mann das Gespräch. Sie wiederholte meinem Mann gegenüber, was sie mir bereits am Telefon gesagt hatte. Auf seine Frage, ob sie nicht begreifen würde, was ihr Mann und sie selber mir und auch ihm alles angetan hätten, wiederholte sie nur: „Ich stehe zu meinem Mann, und alles, was ihr erzählt, stimmt nicht." Mein Mann sagte dann: „Wenn du dabei bleibst, wird das Konsequenzen haben." Darauf meine Mutter: „Das bedeutet dann, daß ich euch beide verloren habe, daß ihr nicht mehr zu mir kommt?" – „Ja, das bedeutet das!" Grußlos habe ich meine Mutter verlassen, weil ich merkte, wie die große Wut in mir hochkam. Nur allmählich begriff ich: Ich habe zwar noch eine Mutter, aber auf der anderen Seite auch wieder nicht.

Ich fand die Situation beschissen. Die Folge war, ich bekam eine Dickdarmentzündung, verbunden mit starken Schmerzen und großer Schwäche. Als mir dann der Zusammenhang bewußt wurde, habe ich mich daran erinnert, wie ich meine Allergie losgeworden bin. So sagte ich mir auch jetzt immer wieder: Meine Mutter hat keine Macht mehr über mich, sie hat keine Macht über mich. Nach kurzer Zeit verschwanden die Beschwerden. Jetzt hatte ich endlich eine Möglichkeit gefunden, meinen körperlichen Beschwerden Einhalt zu gebieten.

Mir wurde in diesem Zusammenhang auch bewußt, daß ich in den Bildern, die ich während meiner Aufarbeitung noch einmal erleben mußte, immer älter geworden war. Das bedeutete, der Mißbrauch hat ja mit zwölf Jahren aufgehört, also habe ich es bald geschafft. Das gab mir wieder Mut weiterzumachen.

Ich möchte jetzt noch von den Träumen sprechen, die mich sehr belastet haben.

Mehrere Nächte hintereinander wurde ich immer nach ein und demselben Traum wach. Ich war total fertig. Was ich dort gesehen hatte, machte mich sehr traurig. Ich sah in mehrere gleichaussehende Gesichter, ohne Mimik, ohne jegliche Rührung. Meine Traurigkeit nahm immer mehr zu. Ich sagte zu Gott: Ich muß wissen, was diese Träume für mich bedeuten! Kurz darauf kam mir in die Gedanken, das sind deine Mutter und deine Geschwister, die rühren sich nicht, die tun so, als ginge sie dein Leiden nichts an. Ja, das war es. Jetzt wußte ich, davon lasse ich mich nicht mehr runterdrücken.

In dieser Zeit sah ich im Fernsehen einen Naturfilm. Er handelte von Lachsen, die als Erwachsene an ihren Geburtsort zurückkehren. Aber die Freude über den schönen Film stellte sich nicht ein. Ich konnte meine Tränen nicht mehr zurückhalten. Mir wurde auf einmal deutlich: „An deinen Geburtsort, kannst du nicht mehr zurück, egal, was für Anstrengungen du auch auf dich nimmst, die anderen wollen ja mit deinem Leben nichts mehr zu tun haben.“ Mir ging auf: Du mußt dich jetzt von deiner Familie verabschieden, auch wenn die Mutter und die Geschwister noch leben.

Das wurde auch noch durch ein Bild aus dem Trauerseminar unterstützt. Dort hatte ich mich auf dieses Bild gar nicht mehr einlassen können. Jetzt kam es mit solcher Wucht in meine Erinnerung, daß ich mich ihm nicht entziehen konnte. Ich stand in dem Raum der Liebe. Aber der Raum der Liebe war leer und dunkel. Ich suchte verzweifelt nach einem kleinen Lichtstrahl und nach einem kleinen bunten Bild. Aber ich konnte außer Dunkelheit nichts erspähen. Ich wurde sehr traurig bei der verzweifelten Suche nach wirklicher Liebe in meiner Kindheit. Tage habe ich gebraucht, bis ich mir eingestehen mußte, ja, so war meine Kindheit.

Mir kamen das Gemeindehaus und das Elternhaus aus meiner Heimat immer wieder in die Erinnerung. Da ich weiß, daß das dann etwas für mich zu bedeuten hat, machte ich mich an einem Nachmittag auf den Weg in die alte Heimat. Nach diesem Entschluß wurde ich ganz ruhig und konnte zu meinem Erstaunen sehr gut Auto fahren. Zuerst fuhr ich zum alten Gemeindehaus. Es war schon eigenartig: Den Mann, der mir die Türe öffnete, hatte ich noch nie gesehen, und doch spürte ich, da ist jemand, der ahnt etwas von dem, was ich hier erledigen muß. Ich stand an dem Platz, wo ich als Kind immer still sitzen mußte. Mir kamen dir Moralpredigten meiner Eltern in den Sinn und vor allen Dingen die Nachfeier zur Beerdigung meines Vaters, mit ihren wohlklingenden Nachrufen. Der Saal war damals voller Menschen. Wer wäre wohl zu der Nachfeier gekommen, wenn alles früher herausgekommen wäre? ging mir durch den Sinn. Die Stimmung war für mich bedrückend.

Anschließend fuhr ich zu meiner früheren elterlichen Wohnung. Zuerst ging ich nur ziellos außen herum. Doch dann nahm ich all meinen Mut zusammen und klingelte. Eine fremde Frau öffnete die Tür. Ich fragte: „Darf ich wohl mal durch Ihre Wohnung gehen? Ich habe hier meine Kindheit verbracht und die ersten Jahre meiner Ehe." Freundlich ließ sie mich eintreten. Dann bin ich in jedem Zimmer gewesen, bis hin zum Kellerraum, überall da, wo der Mißbrauch stattgefunden hatte. Für mich sah alles so aus wie früher, alle Möbel standen an ihren Platz. Aber es waren keine Menschen zu sehen. Sie waren einfach nicht da, genauso wie damals keiner für mich da war.

Mir wurde immer deutlicher: Du mußt von den Menschen aus deiner Vergangenheit Abschied nehmen. In mir war eine große Traurigkeit. Die Bilder der leeren Räume verfolgten mich. Erst spät am Abend konnte ich dann die Trauer zulassen und auch an den anderen Tagen danach.

Ich klagte Gott an: Wo warst du, als mir dies ganze Leid zugefügt wurde? Kurz danach, an einem Sonntagnachmittag, lag ich auf meiner Couch. In Gedanken ging ich noch einmal in die Wohnung – und erlebte diesmal etwas für mich ganz Ungewöhnliches. Nach jedem Mißbrauch, den ich noch einmal nacherlebte, nahm mich Gott in seine Arme, oder er hob mich von der Erde auf und legte mich behutsam auf mein Bett und tröstete mich. Mir war, als sagte er zu mir: „Ich habe alles gesehen, was du erlitten hast, ich habe nicht weggesehen, ich wollte, ich hätte es verhindern können. Ich habe dich von Anfang an geliebt. Du kannst dich jetzt in meinen Armen erholen. Ich bin immer für dich da, ich will dich trösten, wie einen seine Mutter tröstet!" Mir wurde ganz warm uns Herz. Jetzt konnte ich endlich auch fühlen: Gott liebt mich.

Wie damals im Trauerseminar beklage ich auch heute, meinem Mann und den Kindern nicht die Liebe und Zuwendung geschenkt zu haben, die sie dringend gebraucht hätten. Auch darum mußte ich mich von meiner Herkunftsfamilie endgültig trennen.

Das war ein sehr schmerzhafter Prozeß. Aber immer wieder habe ich erfahren, wenn ich von Menschen verlassen wurde oder ich mich von Menschen verabschieden mußte: Gott schickte mir andere Menschen, die jetzt ihre Stelle einnahmen.

Wann ich meiner Mutter und meinen Geschwistern vergeben kann, weiß ich noch nicht.

Gott weiß um meine Bereitschaft dazu, und ich weiß, daß er mir die Zeit läßt, die ich noch brauche, um von Herzen vergeben zu können. Noch ist zu viel Trauer und Enttäuschung in mir.

Ich will leben und lieben. Ich will mich nicht mehr von meiner Vergangenheit so stark beeinflussen lassen. Ich will mit meinen Narben leben lernen.

Eduard, Beates Mann: „Noch heute weigert sich mein Verstand ...“

Nur langsam kann ich fassen, was da als Wahrheit ans Licht kommt. Ein Vater mißbraucht sexuell sein eigenes Kind. Mein Verstand weiß natürlich, daß Menschen zu unbegreiflichen Greueltaten fähig sind. Doch im Raum einer christlichen Gemeinde? In der eigenen Familie? Ein Gemeindeältester?

In ehrlicher Absicht vergebe ich nach kurzer Zeit meinem Schwiegervater, weil ich gelernt habe, so zu handeln, und weil ich weiß, daß auch ein solches Geschehen unter der Vergebung Gottes steht. Allerdings stellt sich diese Vergebung als verfrüht heraus. Ich mußte erst noch schmerzhaft lernen, daß Vergebung nicht am Anfang dieses Prozesses steht, sondern erst sehr viel später dran ist. Die Brisanz des schrecklichen Geschehens hatte ich noch gar nicht wirklich an mich herangelassen. Erst nach und nach werden das Ausmaß und die Folgen dieses langjährigen Mißbrauchs deutlich und auch mir bewußt.

In immer neuen Alpträumen gibt die Seele meiner Frau erschütternde Bilder frei. Fassungslos stehe ich daneben, erlebe das Schreckensszenario der Vergangenheit betroffen mit, lasse es aber nur teilweise in meine Gefühle. Weinkrämpfe schütteln meine Frau. Meistens fehlen mir Worte, und ich kann ihr nur still mittragend nahesein. Traurigkeit, heilloser Schmerz und Zorn sind für lange Zeit unsere Begleiter. Über dreißig Jahre sind wir verheiratet, die Kinder sind seit Jahren aus dem Haus. Zu ihnen und den Enkelkindern besteht eine herzliche Beziehung.

In dieser Zeit beginnt die bewundernswerte Aufarbeitung des Mißbrauchs durch meine Frau. Unglaublich tapfer stellt sie sich den Ereignissen der Kindheit und der langen Zeit danach. Alle Kräfte werden dafür gebraucht. Wenn „dicke Brocken“ als Last verarbeitet werden, sehen selbst diejenigen bei ihr eine „Befreiung“, die von dem fürchterlichen Geschehen nichts wissen. Ich selbst erlebe aus nächster Nähe die langsame Veränderung meiner Frau.

Diese Veränderung läßt mich nicht unberührt. Sie eröffnet mir die Chance und wird mir zum Ansporn, mich ebenfalls der inneren Entwicklung meines Lebens, besonders der Wirklichkeit meiner Ehe in der Vergangenheit und der Gegenwart, zu stellen. Das zeigt sich als ein schwieriger und mühevoller Prozeß, bei dem auch bei mir äußerst schmerzhaftes, verdrängtes Erleben zutage kommt. Weitgehend „kopfgesteuert" hatte ich bis dahin innere Dinge verarbeitet. Nun lernte ich auf einmal, tiefvergrabene Trauer, Schmerz und Wut in mir wahrzunehmen und als zu mir gehörig zuzulassen. Kindheitserlebnisse, Trauer über den viel zu frühen Tod meines Vaters und das nicht mögliche Abitur bildeten dabei den Anfang. Mit den Folgejahren der Ehe ging es weiter.

Was ich in der Zeit unserer Ehe mehr instinktiv gespürt hatte, was unsere Ehe und mich persönlich unendlich belastete, bekommt nun langsam Gestalt. Verhängnisvoll unbekannt hatte „irgendetwas" im Untergrund gewirkt. Beiderseitige Abwehr der Verantwortlichkeit für unsere Schwierigkeiten und Schuldzuweisung auf den Partner blieben nicht aus.

Es ist kaum möglich, die Anteile an den belastenden Spannungen, die durch den Mißbrauch ausgelöst wurden und fast zum Zerbruch unserer Ehe führten, aus dem Lebenszusammenhang herauszufiltern. Unsere starke Verschiedenheit in den charakterlichen Strukturen ist schon „Sprengsatz" genug. Doch einzelne Stränge weisen klarer auf den Zusammenhang mit dem Mißbrauch hin.

Gleichzeitig erlebe ich schmerzhaft und erschreckend den Anteil an eigenem Fehlverhalten und das Verstricktsein in Schuld. Ich hatte mich entschlossen, der Wirklichkeit, der Wahrheit, zu begegnen und mußte erkennen, daß ich meine Frau oft als „schwach" angesehen und sie entsprechend lieblos behandelt hatte. Langsam, durch oft brutal ehrliche Gespräche zerbricht mein „Eigenbild". Das tut weh!

Diese Arbeit an der Vergangenheit für die Zukunft ist noch nicht abgeschlossen und ist nur durch die Erfahrung der Vergebung durch Gott und durch meine Frau zu leisten. In dieser Arbeit empfinde ich es als das Schwierigste, mich abzugrenzen gegen „zugewiesene" Schuld aus dem Erlebensbereich meiner Frau.

Dabei kann ich nur ahnen, wie verheerend das erlittene Geschehen meine Frau in ihren Gefühlen verletzt hat. In manchen für mich normalen Begebenheiten ergeben sich gedankliche oder gefühlsmäßige „Anklänge“ an die bedrohlichen Situationen, in der sie sexuell benutzt und anschließend hilflos alleingelassen wurde. Diese ungeheure „Angst von früher“ führte dann zu unangemessenem, aggressivem Verhalten, das ich nicht einordnen konnte und das mich sehr verletzte und überforderte.

Als extrovertierter Mann zog mich die „zurückhaltende“ Art meiner späteren Frau unwiderstehlich an. Erst in der Rückschau und nach vielen Gesprächen mit Freunden, Familienangehörigen, Seelsorgern, Ärzten und Therapeuten wurde das Lebensmuster sichtbar, das sich auf dem Hintergrund des Mißbrauchs gebildet hatte. Manches aus dieser Entwicklung belastete unser Miteinander. Hohe Angstbereitschaft und die eingeschränkte Fähigkeit, Vertrauen, auch mir gegenüber, zu entwickeln, gehören dazu. Meine eigene Lebensgeschichte trug das ihre dazu bei. Bei mir hatte sich durch eigene Verletzungen eine von mir nicht wahrgenommene „Härte“ entwickelt, wohl um weiteren Verletzungen zu entgehen.

Verständlicherweise hinterläßt ein jahrelanger sexueller Mißbrauch an einem Mädchen tiefe Spuren in der Sexualität. Es fällt mir schwer, das in Worte zu fassen, was meine Frau und ich auf diesem Gebiet erlebt, ja, vielmehr erlitten haben. Trotz des gemeinsam Erlebten will ich weitgehend mein eigenes Erleben beschreiben. Der Mißbrauch wirkte sich in wohl allen Gebieten unserer Ehe aus, am offensichtlichsten in der Sexualität. Darum will ich davon schreiben. Die Not meiner Frau, denke ich, wird auch zwischen den Zeilen erkennbar. In ihrer ganzen Tiefe ist sie von mir auch nicht erfaßbar, geschweige denn beschreibbar.

Obwohl in einer konservativen christlichen Gruppierung aufgewachsen, entwickelte ich ein positives Verhältnis zur Sexualität. In dieser Gemeinschaft fand ich meine Frau. Nach einer längeren harmonischen Kennlernzeit heirateten wir. Bald kam unser erstes Kind.

Ich bin ein dem Leben zugewandter Mensch und konnte daher auch die erste Zeit unserer Ehe genießen. Die Freude am körperlichen ehelichen Miteinander setzte ich bei meiner Frau ebenfalls voraus. Wir liebten uns ja wirklich. Allerdings sprach sie nie über sexuelle Dinge und verhielt sich ziemlich passiv. Sie liebte Dunkelheit und den absolut geschützten Raum. Ganz selten sprach sie beim vertrauten Zusammensein mit mir, bat mich aber immer dringlich, ihr Zärtlichkeiten zu sagen und sie zu streicheln. Das tat ihr gut und machte mir Freude. Nur an ihren Hals durfte ich nicht rühren. Das löste, auch wenn es nur versehentlich geschah, Luftnot und fast panikartige Angst aus. Warum das so war, wußte sie damals nicht. Jetzt wissen wir, der Täter hatte ihr bei Gegenwehr gelegentlich den Hals zugedrückt.

Durch die Geburt der nächsten Kinder und außerfamiliäre Tätigkeiten wuchs die Belastung meiner Frau. Wir arbeiteten hart und brachten uns nach Kräften in die kleine Gemeindearbeit ein.

Diese äußeren Belastungen beeinträchtigten unsere ehelichen Beziehungen. Immer häufiger gab es erhebliche Spannungen, weil beiderseitige Bedürfnisse unerfüllt blieben. Meine daraus erwachsende Frustration und Aggression schlug natürlich auf die gesamte Familie durch. Ein kleiner Teufelskreis begann, dessen Anwachsen allerdings einen besonderen Grund hatte. Unsere Begegnungen gerieten unter Zeit- und Forderungsdruck. Die seelischen Bedürfnisse meiner Frau kamen zu kurz. Dann kam es dazu, daß sich meine Frau immer öfter „benutzt" fühlte. Zweifel an meiner Liebe machten sich breit. Ich geriet unter „Beweisnot" und konnte immer weniger das von mir Erwartete bringen. Vorwürfe, immer nur das Eine zu wollen, trafen mich tief. Die Angst vor und die Abwehr von sexuellen Beziehungen wuchs bei meiner Frau. Gleichzeitig nahm aber auch der starke Wunsch zu, um ihrer selbst willen geliebt zu werden. Meine Sehnsucht nach Zärtlichkeit und körperlicher Nähe und Verständnis für meine Bedürfnisse bildeten das Gegenstück. Das „nur Körperliche" ließ auch mich unbefriedigt und häufig resignieren. Zuweilen wurde meine Sexualität von ihr zur schmutzigen Sache erklärt. Ich durfte mich nicht in spärlicher Kleidung oder gar nackt zeigen. Der Anblick war für meine Frau fast unerträglich, ohne daß sie einen Grund dafür angeben konnte. Es war ihr in solchen Situationen nicht möglich, mich auch nur flüchtig zu berühren.

Bei meiner Frau steigerte sich das Gefühl, nur „benutzt" zu werden. Dieses Gefühl führte zwangsläufig zu einer weiteren Angst. Wann kommt der, der mich wieder nur benutzen will? Heute abend oder morgen oder wann? Diese unglaubliche Angst aus der Zeit des Mißbrauchs hatte sich den Weg nach oben gebahnt und führte zu weiterer Abwehr, zu Aggressionen und Auseinandersetzungen. Beide litten wir unter diesem Zustand.

Meine seelische Kraft ging immer schneller zur Neige und führte zu Spannungen auf vielen Gebieten. Das hinderte weitgehend geistliches Leben und machte mir viel Not. Trotzdem kamen wir aus diesem Teufelskreis nicht heraus.

Wiederholte „Aussprachen“ mit Seelsorgern haben uns nur punktuell geholfen. Nach solchen Gesprächen konnten wir auch über unsere Sehnsüchte reden. Ein zentraler Punkt, daß ich Zärtlichkeit nur geben sollte und selbst weitgehend leer ausging, kam zur Sprache. Mein Wunsch nach dieser Zärtlichkeit brachte meine Frau unter starken Druck und in Verzweiflung. Sie wollte geben und konnte es doch nicht. Tief in den Gefühlen, aber nicht erkennbar und faßbar, lag die Erklärung:

Für meine Frau wiederholte sich unbewußt das Trauma des Mißbrauchs. Ein Kind kann während des Mißbrauchs aus Todesangst weder schreien, noch mit dem Täter reden. Alles ist auf Überleben ausgerichtet. Einen Täter zu streicheln wäre absurd.

Meine Situation änderte sich also nicht. Mein Verstand wehrte sich gegen die Auswirkungen der beschriebenen Angst und gegen Unterstellungen und Vorwürfe. Das konnte ich nicht verarbeiten: Mein Ehepartner hat Angst vor mir, wird mein Gegner, mein Feind. In meinen Gefühlen hat längst ein Verdrängungsmechanismus eingesetzt. Schmerz, Trauer und Zorn werden abgedrängt, abgeriegelt. Immer wieder rede ich mit Gott über all diese Dinge. Das Beten, Kontakte mit anderen Menschen und die Arbeit halten mich seelisch über Wasser. Dabei verunsichert und verletzt mich das ganze Geschehen bis in die Tiefe meiner Person.

Eine geistliche Erneuerung weckt neue Hoffnung. Aber sie erreicht nicht die Wurzel. Das Scheitern unserer Ehe und Trennung erscheint manchmal unausweichlich. Immer wieder fangen wir neu an, halten verzweifelt an unserer Ehe fest.

Erst als wir die Wurzel der schrecklichen Angst, die aus der Vergangenheit aufgestiegen ist, erreichen, heißt die brutale Wahrheit: Ein kleines Mädchen ist hilflos den sexuellen Übergriffen des eigenen Vaters ausgeliefert. Überall lauert die Vertrauensperson, die das Mädchen greift, aus dem Versteck unter dem Bett hervorzerrt, es würgt und immer wieder brutal Gewalt anwendet und es nach der Tat ungerührt wie einen schmutzigen Putzlappen wegwirft. Das Mädchen bleibt grenzenlos allein.

Noch heute weigert sich mein Verstand, dieses Geschehen als wahr anzunehmen. Es geht weit über mein Vorstellungsvermögen.

Als die Einzelheiten des Mißbrauchs und ihre verheerenden Auswirkungen auf unser sexuelles Erleben und alle anderen Lebensgebiete deutlich werden, bricht in meinem Gefühl all das Aufgestaute, Verdrängte mit Gewalt heraus. Die Teilnahme an einem Trauerseminar, einer „Lebenshilfewoche“ und einem Seelsorgekurs wird mir dabei zur großen Hilfe bei der Verarbeitung der Gefühle und zur Vergebung.

In der Folge sehen wir mit Erschrecken, daß auch unsere Kinder mitbetroffen sind und Schaden gelitten haben. Sie haben unsere zahlreichen Auseinandersetzungen als starke Verunsicherung und als Bedrohung erlebt, auch sie sind verletzt. Der schwere, der eigentliche Kampf beginnt.

Dürre Worte können die Mischung aus Schmerz, Trauer und unglaublichem Zorn nicht wiedergeben, die mich erfüllt und alle Kräfte beansprucht.

Lange Monate brauche ich, um mit therapeutischer und seelsorgerlicher Hilfe den Weg der Verarbeitung zu gehen. Vieles an Schmerz und Trauer kann ich zulassen und herausweinen. Wut wird lautstark verbal und mit körperlicher Beteiligung nach außen gebracht. Nach weiteren Monaten bin ich dann soweit, dem Täter noch einmal zu vergeben. Diesmal in vollem Bewußtsein des Geschehenen. Er und ich brauchen die Vergebung.

Der Weg zur Heilung aber ist lang!

Bis in die Tiefe meiner Person hat mich das Geschehen um meine Frau verunsichert und vor allem verletzt. Diese Vorgänge kann ich heute noch nicht näher beschreiben. Es ist zu schmerzhaft.

Beim Schreiben dieser Zeilen merke ich, ich muß mich auch diesem anderen Schmerz der vielen Jahre stellen und ihn verarbeiten.

Ein weiterer Schmerz ist die Haltung der Familie meiner Frau. Nur einem Teil ist es möglich, die bittere Wahrheit anzunehmen. Den anderen ist die Familienehre wichtiger. Nun wird meine Frau, wenn auch auf ganz andere Art, ein zweites Mal von einem Teil ihrer Herkunftsfamilie alleingelassen. Diese Erfahrung ist bitter. Auch das anzunehmen, gehört zum Prozeß der Verarbeitung. Dieser dauert also noch an.

Wir erleben wohltuend und tröstend, daß uns Gott auf seine unnachahmliche Art in unserer Verarbeitung nahe ist. Wir dürfen das einerseits durch verständnisvoll begleitende und mittragende Christen und unsere Kinder erfahren. Manchmal spüren wir staunend Gottes heilende Gegenwart mitten im Nacherleben von schrecklichen Situationen oder in der Gemeinde beim Abendmahl. Es ist unvergleichlich.

Arline Westmeier: Sexuellen Mißbrauch heilen

Wer in der Kindheit sexuell mißbraucht worden ist, hat häufig die Erinnerung daran vollkommen verdrängt. Andere Mißbrauchsopfer erinnern sich zwar, begreifen aber erst viel später, wie schlimm das ist, was ihnen angetan wurde. Doch auch wer die Erinnerung daran verloren hat, zeigt im Erwachsenenalter meist Verhaltenseigenarten, die darauf hindeuten, daß bei ihm etwas nicht stimmt.

Bei Margarita war das so. Sie war eine hochbegabte Lehrerin. Mehrere Jahre unterrichtete sie an einer Missionsschule Mathematik und Naturwissenschaften. Aber wenn es abends dunkel wurde, besonders an den Wochenenden, wurde sie rastlos und ängstlich. Dann mußte sie einfach aus dem Haus. In ihrer Wohnung fühlte sie sich, als ob sie in einer Falle säße und in den dunklen Ecken irgendeine Gefahr lauere. Stundenlang fuhr sie dann mit ihrem Auto ziellos durch die Gegend, um innerlich wieder so weit zur Ruhe zu kommen, daß sie sich nach Hause zurücktraute.

Beim Essen war Margarita sehr eigen. Sie konnte nicht ertragen, Krümel oder Essensreste an den Händen zu haben. Wenn ihr etwas auf die Hände fiel oder tropfte, wusch sie es sofort ab. Es einfach abzulecken, wäre ihr nie in den Sinn gekommen. Ihre Freunde und die Missionare, mit denen sie zusammen wohnte, betrachteten das als ihre Marotte und störten sich nicht weiter daran.

Eines Tages hörte Margarita auf einer Freizeit, daß verdrängte seelische Verletzungen im Erwachsenenalter auffällige Verhaltensmuster hervorrufen könnten. Dann solle man Gott die Erlaubnis geben, daran zu wirken und die Erinnerung wenn nötig auch wieder ins Gedächtnis zurückzubringen. Da bat Margarita Gott, alle verborgenen Bereiche ihres Lebens zu öffnen, die er kannte, wenn sie ihr selbst vielleicht auch nicht bewußt waren.

Kurz danach bekam Margarita schreckliche Alpträume. Sie träumte von einem etwa vierjährigen Mädchen, das von einem

Mann sexuell mißbraucht wurde. Er war so groß, daß es kaum atmen konnte. Margarita hatte schon oft von einer Frau geträumt, die sexuell mißbraucht und erniedrigt wurde. Aber diese neuen Alpträume waren anders, denn die betrafen sie selbst. Immer wieder versuchte sie sich einzureden, daß diese Träume einfach nicht wahr sein konnten.

Margarita hatte es als Teenager schwer gehabt, weil ihre Eltern sich ständig zankten und oft brutal schlugen – was am Ende sogar zum Tod ihrer Mutter führte. Sie hatte sich selbst immer darüber hinweg getröstet, indem sie sich sagte, daß wenigstens ihre frühe Kindheit normal gewesen war. Doch wenn diese Alpträume stimmten, dann war nichts normal gewesen, und dann gab es auch nichts mehr, womit sie sich trösten konnte. Allerdings würde das erklären, warum diese Träume jetzt immer wiederkamen, und warum sie sich schon immer so schmutzig gefühlt hatte – so dreckig, daß sie nicht einmal dann ein wenig sauberer wurde, wenn sie sich sogar mit sehr heißem Wasser abschrubbte.

Kinder, die in einer gestörten Familie aufwachsen, versuchen oft verzweifelt, ihre Welt einigermaßen in Ordnung zu halten, indem sie möglichst alle Gefahren vorausahnen und sie kontrollieren. Auch als Erwachsene behalten sie das oft bei. Bei Margarita war das so. Als sie zum ersten Mal zu mir in die Beratung kam, war sie verängstigt und abweisend. Sie wußte, daß sie Hilfe brauchte, wollte aber ein paar Garantien haben, bevor sie sich auf die Therapie einließ: Was würde geschehen? Was würden wir in ihrem Leben finden? Wie lange würde die Therapie dauern? Was würde das für sie als Person bedeuten?

Natürlich konnte ich ihr dazu nichts Verbindliches sagen. Ich wußte nicht, was wir bei ihr finden würden und wie lange der Heilungsprozeß dauern würde. Das wußte nur Gott. Aber eins war sicher: Gott wollte sie dazu befreien, in das schöne und lohnende Leben hineinzuwachsen, das er sich, schon bevor er die Welt erschuf, für sie ausgedacht hatte (Epheser 1,4). Würde sie es wagen, die Kontrolle über ihr Leben aus den Händen zu geben und sie Gott zu überlassen? Das war eine schwierige Entscheidung für Margarita. Aber ich spürte, daß wir nicht weiterkommen würden, ohne diese Frage geklärt zu haben. Als Margarita eine Woche später wieder zu mir kam, übergab sie bewußt die Kontrolle über ihr Leben an Gott.

„Wenn du ein Bild deiner Gefühle malen würdest, welche Farbe würdest du gebrauchen?“ fragte ich sie, um herauszufinden, was sie empfand.

„Schwarz“, antwortete sie.

„Kannst du sehen, was in dieser Schwärze ist?“

„Nein. Es ist zu dunkel“, war ihre Antwort.

„Margarita, Jesus ist das Licht der Welt“, sagte ich. „Laß uns ihn bitten, mit seinem Licht in diese Dunkelheit hineinzuleuchten, damit du sehen kannst, was sich da verbirgt. Sage zu Jesus: Herr Jesus, bitte leuchte mit deinem Licht in meine Dunkelheit, damit ich sehen kann, was da ist.“

Margarita tat das, und nach einer kurzen Pause fragte ich sie, was sie jetzt in der Dunkelheit gefunden habe.

„Hm“, antwortete sie zögernd, „ich glaube, da ist ein kleines Mädchen.“

„Wie als ist es?“

„Ungefähr vier.“

„Was macht es?“

„Es hockt ganz unten in einer tiefen Felsspalte und kann nicht wieder herauf. Es ist ganz allein dort und hat große Angst. Ich kann nicht verstehen, wie es überhaupt da unten hingekommen ist.“

„Bitte Jesus, in diese Felsspalte hinunterzuklettern, das Mädchen in seine Arme zu nehmen und es wieder hochzutragen.“

Nach einer Pause fragte ich: „Was macht Jesus jetzt?“

„Nun“, antwortete sie stockend, „er ist da hinuntergeklettert und hat sie in die Arme genommen. Aber sie will gar nicht aus diesem Loch heraus. Sie will da bleiben.“

Wenn dieses Kind dort unten bleiben wollte, dann durfte es das auch. Wir ließen es für mehrere Wochen einfach ganz in Ruhe. Währenddessen erzählte Margarita mir von ihrer Kindheit und ihrer Familie.

Margarita stammte von einer Insel, auf der die meisten Leute von Fischerei und Fischverarbeitung lebten. Das Leben war hart und die Lebensbedingungen ärmlich. Es gab kein fließendes Wasser, und gebadet wurde nur am Wochenende. Immer wieder hörte Margarita von ihren Eltern und von Onkeln und Tanten, daß sie „verkehrt“ zur Welt gekommen war. Sie hatte ein blonder, blauäugiger Junge werden sollen und war stattdessen ein dunkelhäutiges Mädchen mit braunen Augen geworden. Seit frühester Kindheit wurde sie als der Familientrottel abgestempelt – sie konnte nicht einmal ein Päckchen richtig einpacken!

Nicht weit von ihrem Elternhaus war eine Kirche, und irgend jemand hatte Margarita als Kind dorthin eingeladen. So lernte sie Jesus kennen als ihren Erretter und ihren Freund. Wenn bei ihr zu Hause wieder einmal eine wilde Alkohol- und Drogenparty im Gange war, wobei häufig sogar ihr Bett in Beschlag genommen wurde, schlüpfte sie oft aus dem Haus und flüchtete in die Stille der leeren Kirche, bis sie in den frühen Morgenstunden wieder heimgehen konnte. Manchmal fand der Pastor sie dort, und dann nahm er sie für den Rest der Nacht mit zu sich nach Hause zu seiner Frau und seinen Kindern.

Was Margarita machte, war ihren Eltern weitgehend gleichgültig. Sie stellten nur eine einzige Anforderung an sie: Sie sollte den Highschoolabschluß schaffen. Sonst konnte sie tun und lassen, was und wann immer sie wollte, Tag und Nacht. Aber sie hatte den Schulabschluß zu machen. Bislang hatte das niemand in ihrer großen Verwandtschaft geschafft. Margarita aber sollte das vollbringen, dazu hatte ihre Mutter sie ausersehen.

Immer wieder erlebte Margarita, wie jemand aus ihrer Verwandtschaft ins Gefängnis kam, mit Drogen erwischt wurde, vom Ehemann zusammengeschlagen wurde, geschieden wurde und sich zwei-, drei-, viermal wieder verheiratete, in der Psychiatrie landete oder Selbstmord beging. Da nahm sie sich vor, daß sie für Gott leben sollte, auch wenn niemand in ihrer Familie das verstand.

Während der Wochen, in denen wir Margaritas Familiengeschichte erforschten, blieb jenes kleine Mädchen mit Jesus zusammen am Grunde der Felsschlucht. Aber es war dort naß und kalt, und die Kleine fühlte sich erbärmlich. Margarita hatte Gott gefragt, wie das Mädchen dort unten hin gelangt war. Sie meinte, Gott habe ihr gezeigt, das kleine Mädchen habe sich einen Gang dorthin gegraben, weil es oben zu gefährlich für sie war.

„Du könntest Jesus bitten, es auf seinen Armen aus der Felsspalte zu tragen und sich um das Gefährliche dort oben zu kümmern", schlug ich vor.

Margarita tat das, aber dann schrie sie plötzlich auf: „Sie will nicht nach oben! Jesus hat sie hochgetragen. Aber kurz bevor er oben ankam, kriegte sie einen Wutanfall. Sie hat gestrampelt und gezappelt, bis ihm gar nichts anderes übrigblieb, als sie wieder hinunterzubringen. Sie will nicht nach oben."

„Wovor hat sie denn Angst?"

„Ich weiß nicht", antwortete Margarita, „aber sie will nicht da weg."

So ließen wir das kleine Mädchen wieder geborgen in Jesu Armen dort unten in der Felsspalte und befaßten uns weiter mit Margaritas Erinnerungen an ihre Familie.

„Margarita, stell dir vor, du nimmst Jesus bei der Hand und gehst mit ihm durch das alte Haus, in dem ihr gewohnt habt, bis du vierzehn warst", sagte ich zu ihr. „Nimm ihn mit an jede Zimmertür und sage ihm, was in diesem Raum passiert."

Als Margarita das machte, fiel mir auf, daß sie selbst bei dem, was sich da zutrug, nie mit dabei war. „Aber Margarita", fragte ich sie, „wo bist denn du in diesen Zimmern?"

„Ich bin doch mit Jesus an der Tür und erzähle ihm, was passiert."

„Und du findest dich selbst nicht in diesem ganzen Haus? Geh noch einmal hindurch und sieh nach, wo du selber steckst."

„Nein, nein. Ich bin nicht da drin", antwortete sie. „Ich spiele draußen. Es ist draußen viel zu schön, als daß ich drinnen eingesperrt sein wollte."

„Aber manchmal regnet es oder es ist kalt und dann kannst du nicht nach draußen gehen. Was machst du dann? Erzähl mir doch etwas von den schönen Erlebnissen, die ihr als Familie hattet. Wie ihr Weihnachten gefeiert habt zum Beispiel."

„Du verstehst mich einfach nicht", rief sie aus. „Weihnachten war nicht schön. Da kam immer die ganze Familie zusammen, und am Ende waren alle betrunken und stritten sich." Aber schließlich entdeckte Margarita doch zwei gute Erinnerungen an etwas im Haus und eine an draußen. „Also drei gute Erinnerungen! Das ist doch eine ganze Menge, meinst du nicht? Ich wette, niemand hat mehr gute Erinnerungen als ich!“ rief sie triumphierend, während mir vor Mitleid die Tränen in die Augen stiegen.

Ich bat Margarita, mir einen Plan von ihrem alten Haus zu zeichnen. Sie konnte sich selbst noch immer nicht darin finden, und die Räume schienen auch nicht richtig zusammenzupassen. In dieser Woche stieg auf einmal eine Erinnerung an ihr Wohnzimmer in ihr auf. Sie war ungefähr fünf Jahre alt und stand am Sofa, und ihr Vater knöpfte ihr auf dem Rücken die Knöpfe ihres Kleides zu. Plötzlich sah sie vor sich die offene Tür zur Abstellkammer, an die sie sich bisher noch nicht erinnert hatte.

„Ich kann nicht verstehen, warum ich nicht an diese Kammer gedacht habe“, rief sie aus. „Ich hatte sie total vergessen. Sie war immer ganz voll Gerümpel.“

„Nimm Jesus mit in diesen Raum und zeige ihm alles, was darin ist“, sagte ich.

„Ach nein, da ist doch nur Müll“, wehrte sie ab. „Da will er bestimmt nicht rein.“

„Na gut. Dann bitte ihn, mit dir in diese Kammer zu gehen und einen großen Sack für dich aufzuhalten, damit du den ganzen Müll hineinwerfen kannst. Er kann ihn fortschaffen.“

„Das ist zu schwer für mich“, protestierte sie. „Diese Sachen kann ich nicht heben. Es ist altes Gerümpel und Kartons und so.“

„Dann bitte Jesus, daß er diese Sachen in seinen Sack wirft. Er schafft das.“

„Aber Jesus will bestimmt nicht da rein. Da ist einfach zu viel Mist“, sträubte sich Margarita noch einmal. Doch schließlich bat sie Jesus, in ihre Rumpelkammer zu gehen und sie auszuräumen.

„Was passiert jetzt“, fragte ich sie wenig später.

„Es ist erstaunlich. Jesus wirft dieses ganze Zeug zusammen, als ob alles ganz leicht wäre.“ Dann plötzlich keuchte sie: „Nein. Nein. O nein.“

„Was ist passiert, Margarita?“ fragte ich behutsam.

„O nein, das kann nicht wahr sein! Da ist ... da hinten in der Ecke wo die Schränke standen ... da ist eine Matratze ... sie machen ... sie machen da schlimme Sachen.“

„Wer ist auf der Matratze?“

„Meine Schwester und ich.“

„Und wer macht die schlimmen Sachen?"

„Mein ... mein Vater", antwortete sie mit leiser, gequälter Stimme. Wir baten Jesus, zu der Matratze hinüber zu gehen und die beiden Mädchen vor ihrem Vater zu beschützen. Dann rollten wir diese ganze Erinnerung zusammen, mit der Matratze und allem Drum und Dran, stopften sie in Jesu Sack und sahen, wie er ihn zum Kreuz trug. Und dann fiel dieser große Sack in die Hölle, von wo all die schlimmen Dinge hergekommen waren. Zuletzt sahen wir, wie Jesus die beiden Mädchen aus dem Raum führte.

Margarita war hinterher ganz durcheinander. Sie konnte einfach nicht glauben, daß stimmte, woran sie sich erinnert hatte. Ihr Vater war tagsüber nie im Haus gewesen. Wann sollte das dann geschehen sein? Es war einfach nicht möglich.

„Margarita", sagte ich ihr, „ich weiß nicht, ob sich beweisen ließe, daß dies alles genauso passiert ist. Aber was du gesehen hast, als Jesus diese Rumpelkammer ausgeräumt hat, ist trotzdem wahr. Entweder ist in dieser Rumpelkammer wirklich passiert, was du gesehen hast, oder sie symbolisiert etwas, das anderswo passiert ist. Wichtig ist jetzt nur, daß wir es entdeckt haben und zu Jesus bringen konnten. Es würde auch nicht helfen, deinen Vater danach zu fragen. Wenn er dich in all den Jahren nicht um Verzeihung gebeten hat, dann wird er auch jetzt mit Sicherheit alles nur abstreiten."

„Nie im Leben würde ich meinen Vater danach fragen! Ich werde nie den Blick in seinen Augen vergessen, als er sich einmal mit meiner Stiefmutter stritt. Er sah aus, als ob er sie umbringen wolle. Ich werde mich hüten, diesen Blick herauszufordern."

Margaritas Alpträume setzten sich während dieser Zeit immer noch fort, und schließlich wurde ihr klar, daß sie bis in ihre Teenagerjahre hinein mißbraucht worden war. Sie hatte das überlebt, indem sie in eine Fantasiewelt geflohen und sich schöne Geschichten über andere Familien ausgedacht hatte. Immer wieder kamen ihr blitzartig Erinnerungen an den alten Schrecken und Horror.

„Halt ihn weg von mir! Bitte halt ihn weg von mir!" schrie Margarita einmal und warf sich ihrer Freundin in die Arme, mit der sie zu mir gekommen war. „Er soll mich nicht anfassen." Und dann fügte sie mit der Stimme eines verwirrten, vierjährigen Mädchens hinzu: „Meine Hände sind ganz klebrig. Ich bekomme sie nicht sauber. Und vor dem nächsten Samstag kann ich nicht baden."

„Margarita", sagte ich behutsam, „Jesus ist hier bei dir und wäscht dich mit seinem Blut ganz rein."

„Nein, nein, nein, kein Blut, nur kein Blut! Alles, aber kein Blut!" schrie sie auf und klammerte sich noch fester an ihre Freundin. „Bitte, kein Blut."

„Warum nicht, Margarita?" fragte ich. „Warum kein Blut? Was bedeutet Blut für dich?"

„Da ist ... da ist schon Blut ... an meinen Händen ... Blut ... mein eigenes Blut ... und es geht nicht ab ... Es ist mein Blut. Er hat gesagt, daß er mir nicht wehtun würde ... Er hat gelogen. Bitte nicht noch mehr Blut!" keuchte sie.

„O Margarita, es tut mir so leid", sagte ich, während mir wieder die Tränen kamen. „Jesus ist hier mit seiner Gerechtigkeit. Sieh her", sagte ich, legte meine Hände zu einer Schale zusammen und hielt sie ihr entgegen. „Hier ist eine große Schüssel voll mit seiner Gerechtigkeit. Du kannst dich darin waschen. Damit bekommst du das Blut von deinen Händen ab."

„Wirklich", fragte sie mit ihrer Kleinmädchenstimme, „damit geht es wirklich ab?"

„Wirklich", versicherte ich. „Versuch es nur."

„Oh", staunte sie, während sie ihre Hände in der „Schüssel" aneinander rieb, als ob sie sich wüsche. „Das Blut geht wirklich ab. Aber es geht in seine Gerechtigkeit hinein, nun ist die ganz blutig."

„Das macht nichts. Jesus hat Massen von Gerechtigkeit. Wir nehmen eine neue Schüssel voll, die ist dann ganz sauber", sagte ich und formte mit meinen Händen eine neue Schüssel. „Schau, sie ist ganz sauber."

„Darf ich auch mein Gesicht mit seiner Gerechtigkeit waschen?" flüsterte Margarita.

„Ja, auch dein Gesicht."

„Und ... und kann ich darin auch ganz baden?"

„Aber ja. Fang nur damit an. Genau dafür ist sie da."

Margarita machte Bewegungen, als ob sie Wasser über ihren ganzen Körper goß.

„Und kann ich auch meine Zähne damit putzen? Wird das den schlechten Geschmack wegnehmen?“ fragte sie mit der zitternden leisen Stimme einer Vierjährigen.

„Ja Margarita. Auch deine Zähne. Die Gerechtigkeit Jesu macht auch deine Zähne sauber.“

„Oh“, rief Margarita plötzlich aus, „ich bin sauber! Zum ersten Mal in meinem ganzen Leben bin ich sauber! Die Gerechtigkeit Jesu hat mich sauber gemacht, so sauber, wie ich noch nie war!“

Es war ein Wunder. Nie wieder würde Margarita diesen Dreck an sich fühlen, den sie so oft erfolglos mit heißem Wasser und Bürste abzuschrubben versucht hatte.

Aber Margarita hatte immer noch Probleme mit Blut. Oft fiel es ihr ungeheuer schwer, zum Gottesdienst in ihre Kirche zu gehen, weil sich so viele Lieder, die da gesungen wurden, auf das Blut Jesu bezogen. Das machte sie schaudern. Zu den Abendmahlsgottesdiensten konnte sie wegen des Symbols für das Blut Jesu überhaupt nicht mehr gehen.

Monate vergingen, in denen wir immer mehr von ihrem Schmerz zu Jesus brachten. Schließlich zwang Margarita sich selbst, am Abendmahl am Ostersonntag teilzunehmen. Als sie den Kelch mit Wein in der Hand hielt, der das Blut Jesu symbolisiert, tropfte ihr aus Versehen etwas von dem Wein auf die Hand. Sie erstarrte vor Schreck. Da dämmerte ihr langsam, daß dies das Blut Jesu war, das er für sie vergossen hatte. Sein Blut war etwas anderes, es machte ihre Hände rein. Den Rest des Gottesdienstes nahm Margarita kaum noch wahr. Sie starrte nur auf ihre Hände, gefangengenommen von dem Gedanken, was Jesu Blut für sie bedeutete.

„Ist das nicht wunderbar“, sagte sie strahlend, als sie mir bei unserer nächsten Sitzung davon erzählte. „Noch nie habe ich das mit dem Blut Jesu so empfunden. Jetzt kann ich voll Dankbarkeit all diese Lieder mitsingen.“

Ich freute mich mit ihr. Und dann machte ich den Vorschlag nachzuschauen, ob Jesus jetzt auch jenes kleine Mädchen aus der Schlucht herausholen konnte.

Dieses Mal brachte Jesus das Mädchen wirklich bis ganz oben hin. Sie kam bereitwillig mit und spielte und hüpfte im Sonnenschein, aber sie wollte noch immer nicht in das Haus hineingehen, weil es da für sie nicht sicher war. Draußen konnte sie sehen, wenn eine Gefahr nahte, und dann weglaufen. Aber im Haus wäre sie in der Falle. Wir baten Jesus, für das kleine Mädchen einen sicheren Platz zu schaffen, an dem sie ausruhen konnte und nicht ständig auf der Hut sein mußte. Im Laufe der nächsten Monate wuchs das kleine Mädchen immer mehr heran, bis sie schließlich ein Teil von Margarita wurde und nicht mehr von ihr getrennt existierte.

Eine der drängendsten Fragen für Mißbrauchsopfer ist oft, warum Gott das alles zugelassen hat. Auch Margarita machte das große Mühe. Wo war Gott gewesen, als alles geschah? Warum hatte er ihrem Vater nicht Einhalt geboten? Wenn Gott das alles zugelassen hatte, dann mußte sie es auch irgendwie verdient haben. Hatte ihr Vater es deswegen getan? Hatte sie es verdient, weil sie ihn dadurch enttäuscht hatte, als dunkelhäutiges, braunäugiges Mädchen zur Welt zu kommen? Aber Gott hatte sie doch als Mädchen erschaffen, warum hatte er ihren Vater dann nicht an allem gehindert? Wenn er alles konnte, was er wollte, warum hatte er dann nicht diese Schlechtigkeit aus ihrem Vater ausgetrieben, wenn der kam, um sie zu verletzen?

„Margarita“, erklärte ich ihr eines Tages, „wir sagen oft, daß Gott alles tun kann, was er will. Aber das stimmt nicht ganz. Gott gehört wohl das letzte Wort über diese Welt. Aber er spricht im Augenblick nicht über alles, was in dieser Welt geschieht, auch das erste Wort. Als unsere Ahnen, Adam und Eva, auf Satan hörten und taten, was er ihnen einflüsterte, übergaben sie ihm damit auch das Recht, über diese Welt zu herrschen. Er ist seitdem der Fürst dieser Welt, und wir leben in seinem Herrschaftsbereich. In vielen Fällen spricht er das erste Wort über das, was in unserer Welt geschieht. Gott tut das, was wir deshalb erleiden, noch viel mehr weh als uns selbst.

Margarita, Gott wollte nicht, daß dein Vater dir das antat. Er wollte, daß dein Vater dich liebt und dich beschützt und nicht, daß er dich mißbraucht. Wenn jemand das Böse in deinem Vater im Namen Jesu gebunden und ihm befohlen hätte, dich in Ruhe zu lassen, dann hätte er vielleicht damit aufgehört. Aber da war niemand, der das hätte tun können.“

„Und warum hat Gott dann nicht selbst das Böse aus meinem

Vater ausgetrieben? Warum hat er ihn nicht daran gehindert, das mit mir zu machen?“

„Gott wollte ihn davon abhalten“, sagte ich freundlich. „Aber dein Vater war nicht bereit, Gott an sich wirken zu lassen. Natürlich hätte Gott die Macht, all das Böse einfach auszutreiben. Aber wenn er das täte, könnte dein Vater sich nicht mehr freiwillig für ihn öffnen und das Böse bereuen und so Vergebung dafür bekommen. Gott liebt deinen Vater so wie alle Menschen und wollte ihm die Chance geben, seine Sünde zu bereuen und sich verändern zu lassen.“

„Aber hat Gott mich nicht auch lieb?“ fragte Margarita, die wieder von ihrem alten Schmerz überschwemmt wurde, mit der bebenden Stimme eines verängstigten kleinen Mädchens. „Warum hat er das immer wieder zugelassen, wenn er mich doch auch liebte?“

„Ja, Margarita, Gott hat dich auch lieb. Ich kann mir vorstellen, wie zornig und traurig er über das war, was dein Vater dir antat. Doch er wußte auch, daß er dich reinwaschen und alle deine Verletzungen heilen konnte. Jesus war so traurig über das, was mit dir geschehen ist, daß er starb, damit er dich wieder rein und heil machen konnte. Er wollte aber auch deinem Vater die Chance zur Reue geben, damit er das Böse aus ihm nehmen konnte. Eines Tages wird Jesus wiederkommen und diese Welt neu machen, und dann wird es nicht mehr so grauenvolle Dinge geben, wie du sie erlebt hast. Und schon jetzt will er dich heilen und deinen Vater, wenn er das nur will, innerlich verwandeln.“

„Ach, und ich habe gedacht, Gott hätte sich nicht um mich gekümmert, weil ich das alles verdient hatte und weil ich so klein war. Aber er wußte, daß er mich wieder rein und heil machen konnte. Dann hat er mich doch geliebt.“

Margarita genügte zunächst diese Antwort auf ihre Frage, warum Gott das alles zugelassen hatte. Aber ihre schrecklichen Alpträume waren damit immer noch nicht verschwunden. Wir baten Jesus, in Margaritas Träume hineinzukommen und sie zu beschützen. Monatelang stellten wir immer wieder ihren Schlaf unter den Schutz Jesu. Ich schlug ihr vor, mit den beiden Freundinnen zusammen, die ihr in dieser Zeit zur Seite standen, vor dem Schlafengehen ihre Träume Jesus anzuvertrauen. „Sag in deinen

Träumen diesem Mann, daß er weggehen soll. Denk jeden Abend, bevor du einschläfst, daran.“

Danach war Jesus mehrere Male in Margaritas Alpträumen dabei und beschützte sie. Aber in einer Nacht sagte der „Mann“ in ihrem Traum: „Du wirst mich niemals los. Wenn du es versuchst, dann hole ich mir deinen Vater.“ Das ängstigte Margarita noch mehr. Nun traute sie sich nicht einmal mehr, Jesus mit in ihre Träume zu nehmen, weil sonst ihrem Vater irgend etwas zustoßen würde.

„Das stimmt nicht“, sagte ich ihr. „Dieser ‚Mann‘ in deinen Alpträumen hat kein Recht, dir zu sagen, was du tun sollst. Er ist außerdem nicht mehr nur dein Vater. Es ist ein böser Geist, der dich in deinen schlimmen Träumen und deiner Angst gefangenhalten will.“

Gemeinsam banden und vertrieben wir alle bösen Mächte, die ihr Leben beeinflußten und ihre Alpträume lebendig erhielten. Langsam nahmen diese Träume ab und wandelten sich in ihre alten, bekannten Träume von sexueller Gewalt, bis auch die verschwanden und sie nur noch die normalen Träume von ihrem alltäglichen Erleben hatte.

Vier Jahre waren vergangen, seit Margarita zum ersten Mal zu mir gekommen war. Die tiefen Wunden, die sexueller Mißbrauch verursacht, heilen nur langsam. Ferien und Besuche in ihrem Elternhaus unterbrachen und verlangsamten Margaritas Heilungsprozeß, brachten ihr aber auch kurze Atempausen in ihrem andauernden Schmerz.

Solch einen Heilungsprozeß zu schildern ist schwierig, denn man kann nicht jeden Fortschritt und Rückfall beschreiben. Dazu reicht der Platz nicht aus. Deshalb kann ich nur über bestimmte Durchbrüche bei Margarita berichten. Ich kann auch nicht ausführlich genug darauf eingehen, wie ungeheuer wichtig für Margarita die Hilfe und Anteilnahme ihrer beiden Freundinnen war, die sich bei ihren Siegen mit ihr freuten und ihr beistanden in den Zeiten, wo sie sich wie ein verstörtes vierjähriges Kind verhielt. Dann kam es vor, daß die Freundinnen sie mit Gewalt daran hindern mußten, mitten in der Nacht zum Schwimmen an den Strand zu fahren oder bei strömendem Regen aufs Dach zu klettern, um draußen zu schlafen, weil sie es verdient habe, naß und kalt zu werden. Ohne diese Freundinnen hätte Margaritas Heilungsprozeß länger gedauert und wäre nicht so tiefgreifend gewesen. Wenn sie mit zur Therapie kamen, erzählten sie oft von Vorfällen der vergangenen Woche, die Margarita vollkommen entfallen waren, bis man sie wieder daran erinnerte. Es ist auch schwierig, einen Eindruck davon zu vermitteln, welche enorme Anstrengung es Margarita kostete, weiterhin ihren Beruf auszuüben, wenn ihre Alpträume sie in der Nacht nur wenige Stunden schlafen ließen und die Nachwirkungen davon sich am Morgen nicht so leicht abschütteln ließen.

Im Verlauf des Heilungsprozesses tauchten immer wieder Hindernisse auf, die Margaritas Fortschritt verzögerten und die erkannt und überwunden werden mußten. Wenn wir neue Bereiche des Schmerzes bei ihr entdeckten, konnten wir sie meistens nicht direkt angehen, sondern mußten uns auf Umwegen an sie herantasten. Jeder Mensch entwickelt unbewußt eigene Formen, wie er sich schmerzhaften Erinnerungen nähern kann. Margarita machte es, indem sie zuerst abstritt, daß überhaupt etwas geschehen sein konnte. Danach beharrte sie darauf, daß es gar nicht schlimm gewesen war, und schließlich verlangte sie die Garantie, daß dies in ihrem Heilungsprozeß endgültig der letzte Schritt sein würde. Wenn sie soweit war, versuchte sie dem Grauen ihrer Erinnerungen zu entfliehen, indem sie – mit der Begründung, sie brauche es nicht mehr – alle unsere Termine absagte. Doch plötzliche Erinnerungsfetzen versetzten sie dann wieder in jenes kleine Mädchen zurück, das Schmerz und schreckliche Angst durchlitt, bis sie sich endlich durch alles hindurcharbeiten konnte. Bevor dann eine weitere Phase des Erinnerns begann, folgte meist erst eine Zeit, in der sie sich einstellte auf neugewonnene Einsichten und wiederentdeckte Bereiche ihres Lebens.

Ein Hindernis, das immer wieder auftauchte, war ihre Unfähigkeit, sich ihren Haß auf ihren Vater einzugestehen. In ihren Teenagerjahren hatte ihr Vater angefangen, eine andere Frau zu umwerben und ihre Mutter einen anderen Mann. Margarita hatte versucht, sich zwischen ihre Eltern zu stellen und ihre Mutter vor der Eifersucht und den Gewaltausbrüchen ihres Vaters abzuschirmen. An den Abenden, an denen beide Eltern mit ihrem jeweiligen Liebhaber außer Haus waren, paßte Margarita auf, ob ihr Vater nicht früher als erwartet zurückkam. War das der Fall, dann rief sie ihre Mutter an, um sie davor zu warnen, jetzt ihren Freund mit nach Hause zu bringen. Aber was Margarita auch versuchte, sie konnte ihre Eltern nicht vor ihren gegenseitigen Wutausbrüchen schützen und sie auch nicht dazu bringen, daß sie sich wieder liebten. Kein Wunder, daß sie wütend war auf beide Eltern und sie schließlich sogar haßte.

Nun hatte Margarita aber als Kind Jesus als ihren Herrn angenommen, und sie wußte, daß Gott Liebe ist. Daraus schloß sie, daß sie nicht mehr zu Jesus gehören konnte, wenn sie den Haß auf ihre Eltern nicht begrub.

„Jesus", betete sie eines Nachts, „ich bitte dich, daß du wieder aus meinem Herz herausgehst, denn ich kann nicht anders, als meine Eltern zu hassen. Aber bitte, geh nicht zu weit fort, denn ich kann ohne dich nicht leben."

Der Haß durchdrang Margaritas ganzes Leben. Sie fingt an, zu trinken und die Schule zu schwänzen und schaffte kaum noch den Schulabschluß. Doch Gott ließ Margarita in dieser Zeit nicht allein. Er sprach zu ihr, bis ihr klar wurde, daß sie ihr ganzes Leben ruinieren würde, wenn sie so weitermachte. Nach zwei Jahren gab sie auf und bat Jesus, wieder in ihr Herz zu kommen.

Als sie auf dem College war, zeigt Gott ihr, daß sie ihre Mutter für ihr rebellisches Verhalten um Verzeihung bitten sollte. Als Margarita dann mit ihrer Mutter telefonierte, hatte sie jedoch nicht den Mut, das Thema anzuschneiden. Sie nahm sich vor, am nächsten Wochenende, wenn sie zum Muttertag nach Hause fahren würde, darüber zu sprechen. Aber in dieser Woche manipulierte ihr Vater das Auto ihrer Mutter, und sie verunglückte tödlich.

Jahrelang plagten Margarita nun Schuldgefühle. Ihre Mutter hatte zwar Jesus als ihren Herrn angenommen, aber vielleicht war sie doch noch nicht zum Sterben bereit gewesen. Weil Margarita sie nicht um Verzeihung gebeten hatte, war ihre Mutter nun vielleicht verloren. Vielleicht war es ja ihr Haß gewesen, der ihre Mutter umgebracht hatte. Immer wieder träumte sie, wie ihre Mutter ihr aus dem Grab eine Hand entgegenstreckte und sie anflehte, sie zu retten. Deshalb schwor sie sich, nie wieder jemandem zu hassen. Erst als Margarita Jahre später in der Bibelschule war, konnte sie akzeptieren, daß nicht ihr Haß, sondern ihr Vater schuld war am Tod ihrer Mutter und daß ihre Gefühle keinen Einfluß darauf hatten, ob ihre Mutter in Ewigkeit bei Jesus war oder nicht.

Doch noch jetzt, viele Jahre später, war es für Margarita fast unmöglich, mit ihren Gefühlen ihrem Vater gegenüber in Kontakt zu kommen. „Ich fühle keinen Haß", beharrte sie.

„Was fühlst du denn dann ihm gegenüber?" fragte ich.

„Ich weiß es nicht. Aber es ist kein Haß."

„Was würde passieren, wenn du entdecktest, daß du ihn in Wirklichkeit doch haßt?"

„Ich kann ihn nicht hassen. Das ist viel zu gefährlich. Ich weiß, was Haß ist und was er bewirkt. Es gab eine Zeit, da habe ich meine Eltern gehaßt, und schau dir an, was mit meiner Mutter passiert ist. Nein, nein, ich kann ihn nicht hassen", antwortete sie mit Nachdruck.

„Margarita", sagte ich freundlich, „Es ist ja nicht so, als ob ich will, daß du deinen Vater haßt. Ich will nur, daß du feststellst, was du gefühlt hast, als er dich mißbraucht hat, damit du davon frei wirst. Es geht mir nur darum, daß du den Müll aus deinem Leben los wirst. Stell dir vor, du wolltest ein Zimmer ausräumen. Dann mußt du jedes Teil, das dort ist, in die Hand nehmen und feststellen, ob es Müll ist oder etwas Brauchbares. Dann erst kannst du den Müll wegwerfen. Du wirst ihn nicht los, indem du deinen Arm schwingst und sagst: ‚Verschwinde.' Du mußt ihn, um ihn wegwerfen zu können, erst in die Hand nehmen und genau besehen. Entsprechendes machen wir mit den schrecklichen Dingen, die du erlebt hast. Laß uns zusammen noch einmal dafür beten, daß Gott dir zeigt, was du noch erkennen mußt, um es loswerden zu können."

Wir sprachen in mehreren Sitzungen über negative Gefühle und dabei auch über den Vers aus Epheser 4,26.27: „Zürnt ihr so sündigt nicht; laßt die Sonne über eurem Zorn nicht untergehen, und gebt nicht Raum dem Teufel." Die Worte „zürnt ihr" bringen uns mit diesem negativen Gefühl in Berührung. Negative Gefühle an sich sind keine Sünde. Aber was wir mit ihnen anfangen, kann Sünde sein. Wenn wir sie nicht auf eine Weise loswerden, die weder uns selbst noch anderen schadet, kann uns der Teufel an dieser Stelle angreifen: Mit Depressionen, Krankheit und anderen

Problemen. Deshalb ist es so wichtig, daß wir uns über unsere wahren Gefühle klar werden und sie – zusammen mit dem Schmerz, der sie verursacht hat – Jesus übergeben.

Eines Tages kam Margarita mit einigen großen Bogen Papier zu mir, die sie vollgeschrieben und -gemalt hatte. Nur zögernd zeigte sie sie mir. Auf den ersten Seiten hatte sie in kurzen Sätzen eine Chronologie ihrer frühen Kindheit aufgeschrieben. Dann folgten ein paar Seiten mit Strichfiguren von einem Mann und einem kleinen Mädchen in den Positionen, wie sie sie in ihren Alpträumen gesehen hatte. Auf das letzte Blatt hatte sie in breiten Zeichenkohlestrichen, die die ganze Seite ausfüllten, nur ein einziges Wort geschrieben: Haß. Dies Wort war mehrmals durchgestrichen, und offensichtlich hatte Margarita dieses Blatt schon einmal zusammengeknüllt und dann wieder glattgestrichen.

Zögernd erklärte Margarita mir nur die Strichfiguren, indem sie immer nur von „ihm" und „ihr" sprach und sorgfältig die Worte „er" und „ich" vermied. Als sie zum letzten Blatt kam, wandte sie sich ab. „Nein", keuchte sie, „ich kann es nicht ansehen. Ich kann es nicht sagen. Es ist zu schrecklich. Es darf nicht wahr sein. Wenn er stirbt, dann bin ich schuld daran."

„Es geht nicht darum, am Haß festzuhalten", versicherte ich ihr wieder, „sondern ihn loszuwerden."

„Ich ... ich kann es nicht sagen. Aber es ist da. Es ist dort auf dem Papier."

Zusammen brachten wir ihren Haß nun zu Jesus, damit er ihn wegtragen konnte. Das war ein neuer Durchbruch in Margaritas Heilungsprozeß.

Von Anfang an hatten wir mit einem weiteren Hindernis zu tun: Margarita konnte sich nicht eingestehen, daß das, was sie erlitten hatte, wirklich so schlimm und zerstörerisch gewesen war, und daß sie nicht selbst an allem schuld war. Sie hatte sich die Überlebensphilosophie ihrer Tante zu eigen gemacht: „Du hast es überlebt. Was ist also so schlimm daran? Jeder hat Probleme!"

Margarita konnte auch kaum zugeben, daß das Chaos in ihrer Familie alles weit überstieg, was es in normalen Familien gab. Wenn einer ihrer Schüler zu Hause Probleme hatte, war sie sehr teilnahmsvoll. Sie hatte für jedes Kind ein offenes Ohr und einen guten Rat. Was für überwältigende Probleme sie selbst ausgestanden hatte, konnte sie jedoch kaum an sich herankommen lassen. „Das hätte mich alles nicht so berühren dürfen“, meinte sie. „Wir waren doch eine ganz normale Familie. In jeder Familie gibt es Probleme, oder etwa nicht?“

„Ja, das stimmt“, antwortete ich. „Jede Familie hat ihre Probleme. Aber was würdest du denken, wenn eine deiner Schülerinnen dir erzählte, daß ihr Vater schon zweimal geschieden worden ist, daß er ihre Mutter umgebracht hat und jetzt unverheiratet mit der nächsten Frau zusammenlebt, daß sie neunzehn Geschwister und Halbgeschwister hat, von denen die meisten schon mehrmals im Gefängnis gesessen haben, Drogen nehmen, in der Psychiatrie sind, selbstmordgefährdet, sich scheiden lassen und wieder verheiraten, von ihren Ehepartnern zusammengeschlagen werden und so weiter und so weiter? Würdest du dieser Schülerin sagen, das seien ganz normale Familienschwierigkeiten und sie solle sich davon nicht so niederdrücken lassen?“

„Naja“, antwortete sie langsam, „wenn man es so darstellt, ist es wirklich ein bißchen viel. Aber es war sowieso alles nur meine eigene Schuld. Ich hätte es hinkriegen müssen, daß das alles nicht passierte.“

„Komm, Margarita“, antwortete ich, „laß uns einmal die Blätter durchgehen, auf denen du alles der Reihe nach aufgeschrieben und gemalt hast. Nun sag mir, war es wirklich dein Fehler, daß du nicht als blonder, blauäugiger Junge geboren worden bist?“ Darüber mußte sogar Margarita lachen.

„Und hättest du tatsächlich verhindern können, daß dieses Auto dich überfuhr, als du drei Jahre alt warst? Warst du wirklich selbst daran schuld?“

„Nein“, sagte sie langsam, „meine Schwester sollte eigentlich auf mich aufpassen, aber sie hat nicht daran gedacht. Sie war ja selbst noch so klein und hat mich vergessen.“

„Dann war sie auch nicht schuld daran, oder? War es nicht vielmehr die Schuld eurer Mutter, die ihre beiden Kinder, die noch zu klein waren, um auf sich selbst achtzugeben, im Hof alleingelassen hat?“ Auch da stimmte Margarita zu.

„Und wie war das, als du im Krankenhaus lagst mit beiden Beinen im Streckverband und die Krankenschwester dein Essen so hingestellt hatte, daß du gar nicht darankamst und deshalb nicht essen konntest?“

„Naja, vielleicht hätte ich mich noch mehr mühen müssen.“

„War es nicht schlicht und einfach Gedankenlosigkeit von dieser Schwester?“

„Kann sein.“

„Hättest du denn verhindern können, daß dein Vetter dich eine Woche, nachdem du aus dem Krankenhaus gekommen warst, die Treppe hinunterschubste? Und war es dein Fehler, daß deine Tante dann noch zu dir sagte: ‚Hör auf zu schreien. Es ist überhaupt nichts passiert‘?“

„Nein. Das war wirklich gemein von ihr. Ich war gerade wieder aus dem Krankenhaus zurück, und dann hat er mich die Stufen hinuntergeschubst, und sie hat auch noch behauptet, es wäre nichts passiert.“

„Und hättest du, ein kleines vierjähriges Mädchen, wirklich deinen großen, starken Vater davon abhalten können, daß er dich vergewaltigte?“

„Hör auf!“ stöhnte sie. „Sag das nicht so! Ich hasse dies Wort!“

„Margarita, ich möchte, daß du dir alles noch einmal ansiehst, was du hier aufgeschrieben hast, und dann daneben schreibst, wer schuld daran war und ob du es hättest verhindern können.“

Zu ihrer eigenen Überraschung stellte sie fest, daß sie nichts von all dem, was sie aufgeschrieben hatte, hätte verhindern können, und daß sie nur in ein oder zwei Fällen indirekt mitverantwortlich gewesen war.

„Aber so schlimm kann es doch gar nicht gewesen sein“, beharrte sie immer noch. „Ich habe es überlebt.“

„Ja, du hast überlebt, aber mit vielen, vielen Verletzungen. Ist das nicht auch der Grund, warum du hier bei mir bist?“

„Ja“, sagte sie zögernd. „Nur wenn es wirklich stimmt, daß all das passiert ist, dann heißt das doch, daß ich nicht anders bin als sie. Ich bin genauso wie meine Familie.“

„Wirklich?“ fragte ich zurück. „Bist du wirklich in all die Probleme verwickelt, in denen deine Familie steckt?“

„Ich meine, ich ... ich muß genauso schlecht sein wie sie, weil ich eine von ihnen bin. Ich bin genauso, wie meine Familie ... außer vielleicht, daß sie raffinierter sind."

„Margarita", antwortete ich, „ich möchte dir für nächste Woche eine Hausaufgabe geben. Schreib auf ein großes Blatt Papier alle Probleme und Schwierigkeiten, die es in deiner Familie gibt. Denk dabei an deine neunzehn Geschwister, an deinen Vater, deine Mutter und an alle deine Stiefmütter. Schreib alles auf und bring es nächste Woche mit."

Zu unserem nächsten Treffen brachte Margarita ein großes Poster mit. Wir breiteten es auf dem Fußboden auf und gingen all die Familienprobleme durch, die sie aufgeschrieben hatte. Und dann notierten wir, wieviele Familienglieder ein bestimmtes Problem hatten: Wieviele schon einmal oder mehrmals geschieden waren, wie viele mißbraucht worden waren, wieviele vor der Ehe schwanger geworden waren, wie viele drogensüchtig waren, wieviele im Gefängnis waren und so weiter und so weiter.

„Meine Zeit", rief Margarita schließlich aus. „Ich habe das noch nie so im Zusammenhang gesehen. Das ist wirklich eine ganze Menge, nicht wahr? Mir kommt ein Liedvers in den Sinn: ‚Gott fand mich in der Hölle, in der ich lebte, und hat mich freundlich hinausgeführt.' Ist das nicht wirklich die Hölle, wo ich dringesteckt habe?"

„Ja. Und das war nur deine engste Familie. Schreib für die nächste Woche auch noch die Probleme deiner Onkel und Tanten, deiner Vettern und Kusinen auf."

Als sie mir in der nächsten Woche zeigte, was ihr alles eingefallen war, sagte sie: „Das erschlägt einen fast, wenn man es so aufgeschrieben sieht." Und nach einer Weile fügte sie nachdenklich hinzu: „Aber Gott hat mich trotz allem bewahrt."

„Ja, das hat er", bestätigte ich. „Ich fände es gut, wenn du noch mehr aufschriebest. Schreib auf ein Blatt, wie Gott mitten in dieser Hölle in deinem Leben gewirkt hat, und auf ein zweites, wie du auf Gottes Wirken geantwortet hast. Und diese beiden alten Poster nimm mit und hänge sie in deinem Zimmer an die Wand, damit diese Wirklichkeit, die du darauf festgehalten hast, langsam in dein Bewußtsein eindringt. So ist deine Familie. Das hast du in deiner Kindheit erlebt."

In der nächsten Woche zeigte mir Margarita, was sie aufgeschrieben hatte. Auf dem ersten Blatt stand, wie Gott sie bei dem Autounfall und auch später bei einem Motorradunfall geschützt hatte und wie er sie während ihres Studiums an der Universität und später auf der Bibelschule mit allem, was sie brauchte, versorgt hatte, indem er ihr gute Jobs verschafft hatte. In ihrer Familie hatte man sie nur ausgelacht. Ihr Studium sei nichts als Zeitverschwendung, hatte man ihr immer wieder gesagt.

Ihre Antwort auf Gottes Handeln in ihrem Leben war unter anderem der Entschluß gewesen, als Kind weiter zur Sonntagsschule zu gehen und die Schule nicht abzubrechen, obwohl das alle ihre Geschwister machten; nicht wie ihre Schwestern schon als Teenager schwanger zu werden; eine anspruchsvollere, feste Arbeitsstelle zu suchen, statt einen besser bezahlten Gelegenheitsjob in der Fischfabrik anzunehmen, der vom unregelmäßigen, saisonbedingten Fischfang abhing; trotz aller Einwände ihrer Familie zur Universität und zur Bibelschule zu gehen; in drei bis sieben Jobs auf einmal zu arbeiten, um ihre Ausbildungskosten aufbringen zu können, und trotzdem ihren Leistungsstand zu halten; Missionarin zu werden, obwohl man sie dafür in der Familie als verrückt erklärte; und schließlich ihren Magister in Pädagogik zu machen.

Als wir die Poster miteinander verglichen, mußte Margarita schließlich eingestehen, daß sie sich vom Rest der Familie unterschied. Sie waren alle in dieselbe Hölle hinein geboren worden, Gott hatte auch an ihnen gewirkt (sie waren alle zur Sonntagsschule geschickt worden), aber sie hatten anders als sie darauf geantwortet. Doch das ließ Margarita wie im leeren Raum hängen. Wenn sie anders reagierte als der Rest der Familie, wer war sie dann? Sie fühlte sich wurzellos, verwirrt und ohne Identität.

„Gut", sagte ich ihr, „dann brauchen wir ein weiteres Poster. Darauf schreibst du die Ergebnisse der anderen drei. Auf dem ersten hast du die Hölle beschrieben, aus der du stammst, auf dem zweiten Gottes Wirken mitten in dieser Hölle und auf dem dritten deine Antworten darauf. Nun schreib auf, was für Resultate das alles zusammen in deinem Leben erbracht hat."

In der nächsten Woche brachte Margarita diese Liste mit: Sie hatte es geschafft, die Highschool abzuschließen, in einigen sehr schwierigen Jobs durchzuhalten, einen Studienabschluß in Meeresbiologie, in einem weiteren Fach und in Christlicher Erziehung zu schaffen und den Magisterabschluß in Pädagogik. Während ihres Studiums hatte sie mehrere Auszeichnungen für besondere Leistungen erhalten. Sie hatte in vielen Kirchen, in Schulen und bei Konferenzen Vorträge gehalten und war an der großen Missionsschule, wo sie Mathematik und Biologie unterrichtete, die Fachbereichsleiterin für Mathematik und Naturwissenschaften. „Aber das sagt noch nicht, wer ich bin“, protestierte sie, als wir ihre Liste durchsahen. „Das ist nur, was ich getan habe. Jeder könnte das schaffen.“

„Ja, das stimmt“, antwortete ich, „Außer, daß nicht jeder so viel geschafft hat. Ich könnte nicht so viel aufzählen wie du, und ich kenne auch niemand anderen, der das könnte. Um herauszufinden, wer du bist, mach doch bitte noch einmal eine Liste. Nimm das Blatt von heute und überlege dir, was die Leistungen, die du aufgeschrieben hast, über die Frau aussagen, die du bist. Zum Beispiel: Ich bin ein harter Arbeiter, ich bin gut ausgebildet, ich bin Konferenzsprecherin und so weiter.“

„Meinst du wirklich, das alles könnte ich sein?“ staunte sie.

„Ja, das bist du“, versicherte ich ihr. „Das ist der Mensch, den Gott aus dir gemacht hat, obwohl du in eine Hölle hineingeboren wurdest. Und nun bist du für deine ganze Familie ein lebendiges Beispiel dafür, daß Gott sie auch aus ihrer Hölle herausholen kann, wenn sie es nur wollen.“

„Das ... das ist kaum zu fassen“, war alles, was Margarita darauf sagen konnte. „Meinst du das wirklich so? Das bin ich? Ich bin doch nicht der Familientrottel, wie sie alle immer gesagt haben? Das wird eine Weile dauern, bis ich das wirklich glauben kann.“

„Margarita“, konnte ich nur noch voll Freude sagen, „du kommst nun endlich ans Ende des Tunnels. Gott bringt dich auf der anderen Seite wieder heraus und in ein neues Leben hinein. Nun geh zuversichtlich mit ihm in deine Zukunft hinein!“

Bernd: „Ich hatte immer Sehnsucht nach dem Vater“

Peter Glöckl, Sozialtherapeut im Blauen Kreuz, im Gespräch mit Bernd, der vor vielen Jahren als Kind von seinem Vater sexuell mißbraucht wurde

Frage: Wann wurde dir dein sexueller Mißbrauch bewußt?

Antwort: Ich wußte immer, daß etwas geschehen ist, aber daß es sexueller Mißbrauch war, ist mir erst seit einigen Jahren bewußt. Natürlich habe ich mich sehr geschämt, weil ich auch meinen Vater geliebt habe. Heute weiß ich, daß ich das komplett verdrängt habe, und erst an meinem eigenen Verhalten habe ich gemerkt, daß irgendwas nicht in Ordnung ist. Dadurch bin ich darauf gekommen, daß es mit dem Mißbrauch zusammenhängt. Mir ist nicht bewußt gewesen, daß es überhaupt ein Mißbrauch war. Ich wußte nur: es ist geschehen ... ich kann mich sogar noch an Details erinnern ... aber als Mißbrauch ist es mir erst in den letzten Jahren deutlich geworden.

Frage: Du hast gesagt, es ist dir an deinem eigenen Verhalten aufgefallen ...

Antwort: Ich habe mich als Mann, als Vater irgendwie abgelehnt. Ich konnte mit meiner eigenen Sexualität einfach nicht umgehen. Ich habe mich geschämt für meinen Körper.

Frage: Zu deiner Herkunftsfamilie – vielleicht erzählst du, wo du aufgewachsen bist.

Antwort: Ich stamme aus einer kleinen Stadt in Norddeutschland. Für mich war es damals eine große Stadt. Wir wohnten etwas außerhalb.

Frage: Welchen Beruf hatte dein Vater?

Antwort: Mein Vater hatte keinen Beruf, er hat Pädagogik studiert und wollte Lehrer werden. Er hatte auch einige Semester Theologie studiert, aber durch die Kriegseinwirkungen sind die Unterlagen verloren gegangen, und nach dem Krieg hat er eine

Zeitlang an einer Pädagogischen Hochschule unterrichtet. Dann kamen die alten Lehrer aus dem Krieg zurück – das weiß ich aus Erzählungen meines Vaters –, da mußte er die Stelle wieder räumen. Er war dann als Hilfsarbeiter auf dem Bau.

Frage: Bist du in der Zeit geboren, als er Hilfsarbeiter war, oder in der Zeit, als er noch unterrichtet hat?

Antwort: Ich bin 1942 geboren und kann mich nur noch daran erinnern, daß er als Hilfsarbeiter auf dem Bau war. Ich war gut drei Jahre alt und wußte gar nicht, daß es mein Vater war. Das erzählte mir meine Mutter. Ich habe ihn immer nur als Onkel angesprochen.

Frage: Also ihr wart euch fremd geworden durch den Krieg?

Antwort: Ja.

Frage: Hattest du noch Geschwister?

Antwort: Tja, das ist kompliziert: Ich habe zwei Schwestern, aber die haben beide einen anderen Vater. Also, wir sind drei Geschwister, haben aber jeder einen anderen Vater, aber eine gemeinsame Mutter.

Frage: Aber es war dein leiblicher Vater, der in der Familie mit gelebt hat?

Antwort: Ja, so ist es.

Frage: Gab es so etwas bei dir wie religiöse Erziehung?

Antwort: Kann ich eigentlich nicht sagen. Wir haben in der Schule den Religionsunterricht besucht. Ich bin auch zur Kommunion gegangen. Ich war eine Zeitlang bei den Pfadfindern. Gebetet haben wir zu Hause nicht.

Frage: Worauf legten deine Eltern Wert in der Erziehung?

Antwort: Sie legten Wert auf alles, was hart macht. Man poliert die Fassade nach außen hin, aber wie es drinnen aussieht, das geht niemanden was an. Und es war sehr wichtig – das hat man mir immer wieder gesagt: Laß dich nicht ausfragen, erzähle nichts. Das war das Motto.

Frage: Galt dieser Satz „erzähle nichts“ auch innerhalb der Familie?

Antwort: Diese Regel bestand auch nach innen. Es war kein Vertrauen in der Familie. Ich habe sie immer als was Fremdartiges, Bedrohliches erlebt. Man kann das nicht vergleichen mit normalen Familien, wo man sich einander auch mal in den Arm nimmt, wo man die Sorgen ausschütten kann, wo einem Verständnis entgegengebracht wird, wo man auch Korrektur erfährt. Also, von dem war nichts. Es war mehr ein reiner Zweckverband.

Frage: Wer, würdest du sagen, war dein bester Verbündeter in der Familie?

Antwort: Ich hatte niemanden. Ich hatte keinen Verbündeten in der Familie.

Frage: Gab es jemand von außerhalb, also vielleicht Oma oder Opa, die dir ein Stückchen Halt und Wärme gegeben haben?

Antwort: Nein, ich war ein Einzelkämpfer.

Frage: Du warst also schon ein Einzelkämpfer von jeher, oder gab es auch Zeiten, wo du es geschafft hast, ein bißchen rauszukommen in deiner Jugend, z. B. bei den Pfadfindern?

Antwort: Auch bei den Pfadfindern war ich nicht lange. Daher hatte ich überhaupt keine Gelegenheit, mich irgendwo zu öffnen. Freunde habe ich mir meistens gekauft.

Frage: Gekauft mit was, mit Geld oder mit Leistung?

Antwort: Mein Großvater, der zweite Mann meiner Großmutter, war Marktmeister. Wenn in unserer Stadt der große Vergnügungspark war, hatte ich die Taschen voller Freikarten. Ich brauchte am Karussell oder an der Wurstbude nur meinen Namen zu sagen und mein Opa sei Marktmeister, dann kriegte ich eine Wurst umsonst und Freikarten. Für 14 Tage im Jahr, als dieser Markt war, da hatte ich unwahrscheinlich viele Freunde. Und wenn die Freikarten aufgebraucht waren, hatte ich auch keine Freunde mehr.

Frage: Das war dann eher Freundschaft über geschenkte Freikarten. Was würdest du zum Thema Klima in deiner Familie sagen? Welche Regeln gab's da, außer, daß man nicht spricht?

Antwort: Das Klima, so wie ich es heute empfinde, war kalt. Es war keine Wärme, keine Geborgenheit da. Und es wurde Wert auf absoluten Gehorsam gelegt. Disziplin war sehr, sehr wichtig. Durch Disziplin bekam man auch Zuneigung. Ich wußte als Kind schon genau, wenn ich die Aufträge von meinem Vater oder von meiner Mutter erledigt hatte, dann bekam ich auch Belohnung. Dann war ich ein liebes Kind, aber wenn mir was anderes wichtiger war, dann war ich eben nicht mehr der Liebe, dann gab es schon Strafe.

Frage: Wie sah denn die Belohnung aus?

Antwort: Meine Mutter nahm mich in den Arm, und es gab auch mal Süßigkeiten. Ich durfte dann auch mal was tun, was ich sonst nicht tun durfte.

Frage: Wie sah die Belohnung durch deinen Vaters aus?

Antwort: Ich könnt' mich nicht erinnern, daß von ihm mal eine Belohnung rüberkam. Ich weiß, wenn ich heute Bilder von früher angucke, als ich Kind war, daß, wenn ich mit meiner Mutter auf einem Foto war, habe ich gestrahlt und gelacht, und mit meinem Vater auf dem Foto war kein Lachen mehr auf meinem Gesicht, es war todernst. Das hat meine Frau zu mir gesagt, die sagte: „Guck mal, mit deiner Mutter da lachst du und bist fröhlich, und mit deinem Vater stehst du stocksteif und verziehst keine Miene." Ich kann mich auch nicht entsinnen, daß er mir wirklich mal gesagt hat: „Das hast du gut gemacht."

Frage: War das Verhältnis zwischen deinem Vater und deinen Schwestern genauso wie bei dir?

Antwort: Das kann ich weniger sagen, weil meine Schwestern sehr früh aus dem Haus gegangen sind. Ich bin eigentlich alleine aufgewachsen.

Frage: Sind sie wesentlich älter als du?

Antwort: Nein, die eine Schwester ist jünger als ich. Zu ihr habe ich gar keinen Kontakt. Ich weiß nicht mal, ob sie lebt, wo sie ist. Zu meiner älteren Schwester habe ich regelmäßig Kontakt. Wir sind schon zweimal zu Besuch bei ihr gewesen, und sie war mit der Familie auch schon bei uns. Der Kontakt ist aber erst wieder aufgelebt, als meine Mutter gestorben ist.

Frage: Gibt es Themen, die auf keinen Fall bei euch am Tisch zu hören waren?

Antwort: Was Familie betrifft und was Gefühle anbelangt, das war absolutes Tabu. Ich habe nie meine Eltern darüber reden gehört, und wenn ich als Junge mal geweint habe, da bin ich auf vollkommenes Unverständnis gestoßen. „Das macht ein Junge nicht", „Heulsuse" ... und dann habe ich mir das abgewöhnt.

Frage: Mit einem hohen Preis. Hast du gesehen, wie Vater und Mutter auch miteinander zärtlich sind, wie sie sich mal in den Arm nehmen oder schmusen?

Antwort: Nein, nein. Eher das Gegenteil habe ich erlebt.

Frage: Das heißt?

Antwort: Es gab Prügelszenen, auch Alkohol ... Also, es waren schon massive Prügelszenen, die ich da erlebt habe.

Frage: Das Opfer war die Mutter?

Antwort: Ja.

Frage: Wenn wir jetzt zum Thema Mißbrauch kommen könnten. Es kommt mir nicht nur auf die Tat an, sondern auch auf die Art und Weise. Es ist ja manchmal so, daß jemand verführt wird, aber daß er keine Gewalt spürt. Ein anderer sagt, es hat mir körperlich wehgetan, ein dritter sagt, körperlich war es nicht schlimm, aber seelisch hat es mir wehgetan. Wie würdest du das beschreiben?

Antwort: Also, es war schon körperliche Gewalt da. Auch daß er mich manipuliert hat, und ich mußte Handlungen ausführen an ihm, und das ging nur über Gewalt, daß er mich hart angefaßt hat. Drohungen in dem Sinn gab's eigentlich keine. Mein Vater war für mich auch eine Respektperson, von daher war seine Anwesenheit für mich schon Drohung, bloß nichts zu sagen.

Frage: War es denn für dich auch so, daß du Schmerz empfunden hast, als er dich festhielt? Daß vielleicht auch die Demütigung dazu kam, daß du das jetzt tun mußt und an dir geschehen lassen mußt?

Antwort: Ja.

Frage: Kannst du sagen, wie alt du ungefähr warst, als das angefangen hat?

Antwort: Als ich so sieben, acht Jahre alt war.

Frage: Bei manchen Menschen ist es ein einmaliger Mißbrauch und bei anderen zieht es sich über Wochen, Monate, Jahre hin. Wie würdest du das bei dir beschreiben?

Antwort: Es hat sich schon über ein, zwei Jahre hingezogen. Zu dem Zeitpunkt war meine Schwester noch zu Hause.

Frage: Hattest du manchmal den Impuls, mit jemandem darüber zu reden, also z. B. mit deiner Mutter, deiner Schwester?

Antwort: Das habe ich niemandem erzählt.

Frage: Was hattest du befürchtet, wenn du es erzählt hättest?

Antwort: Daß mir keiner glaubt, aber auch aus Scham. Ich hab das oft gar nicht verstehen können.

Frage: Wenn du sagst, „mir glaubt keiner“, hattest du gedacht, deine Mutter würde dir auch nicht glauben, daß der Papa, der Lehrer, dieser harte Mann sich an seinem eigenen Sohn vergreift?

Antwort: Ja.

Frage: Gab es für dich Zeichen, wo du dachtest, na ja, das ist fast wie Verführung?

Antwort: Nein, es war immer die harte Seite. Er kam zu mir ins Bett und drängte sich an mich im Halbschlaf. Ich wurde dann wach ... nicht daß er mich geschlagen hätte, in dem Sinn war's keine Gewalt, aber dieses harte Anfassen und das Ansichdrücken und Ansichziehen ... Da hatte ich Angst und habe mich nicht mehr gewehrt.

Frage: Hast du dich eher totgestellt?

Antwort: Ja, das könnte man so sagen.

Frage: Also erst einmal totstellen, und dann einen Weg des Überlebens finden?

Antwort: Ja, und weil ich mich auch geschämt habe. Wenn er jetzt merkt, daß ich jetzt wach bin, dann wäre das vielleicht noch schlimmer. Ich habe mich schlafend gestellt und es mit mir geschehen lassen, obwohl ich hellwach war.

Frage: Waren deine Mutter oder deine Schwestern zu der Zeit im Haus?

Antwort: Nein, das geschah nur, wenn sie nicht da waren.

Frage: Das heißt, er paßte den Moment ab, um dich alleine schlafend zu erwischen? Es könnte heißen, der Täter bereitet sein Feld vor, er wartet schließlich ab, bis alle das Haus verlassen haben und dann ...

Antwort: Es geschah ja meistens nachts. Meine Mutter war berufstätig. Zu der Zeit war er arbeitslos und hat den Haushalt gemacht, gekocht, geputzt, eingeweckt, uns Kinder gewaschen und gebadet ... Meine Mutter war manchmal tagelang nicht zu Hause.

Frage: Rausgekommen ist es wodurch?

Antwort: Durch meine Schwester. Sie wurde auffällig in der Schule. Sie fing in der Schule an zu stehlen, und es muß wohl eine Lehrerin gewesen sein, die sie mal gefragt hatte, und irgendwie muß sie sich wohl verplappert haben. Da kam das ganze raus. Dann kam eine Fürsorgerin ins Haus und hat mich ausgefragt. Dann kam da noch ein Priester, zu dem ich in den Religionsunterricht ging, der fragte mich dann auch aus, und so kam das ganze ins Rollen. Es gab einen Prozeß, nach seinem Tod habe ich die Unterlagen natürlich Blatt für Blatt wieder gelesen, und dann kam alles wieder hoch. Er wurde damals auch verurteilt wegen Unzucht an Minderjährigen. Ich glaube, er war zwei oder drei Jahre im Gefängnis.

Frage: Du bist befragt worden von der Fürsorgerin und dem Priester. Eure Regel in der Familie hieß aber: „Erzähle nichts!" Bist du da sozusagen in Loyalitätsschwierigkeiten gekommen: Sollst du jetzt was sagen, sollst du nichts sagen? Das ist ja eine richtige Zwickmühle für ein Kind!

Antwort: Also, ich weiß aus meiner Erinnerung, daß ich nichts drüber gesagt habe. Aber ich vermute, daß das damals schon geschulte Leute waren, und ich vermute auch, daß meine Schwester das schon genauer geschildert hat und auch gesagt hat, daß sie auch mit dabei war. Das sind jetzt von mir Vermutungen, weil ich auch meine Schwester nicht fragen kann, ich weiß ja gar nicht, wo sie jetzt ist und ob sie überhaupt noch lebt. Vielleicht schaffen wir es ja mal, daß wir uns irgendwie wiederfinden können. Dann könnte ich mehr erfahren.

Frage: Das heißt für dich: du hast deinem Vater die Treue gehalten? Trotz all der schlimmen Dinge wolltest du ihn nicht verraten?

Antwort: Ja.

Frage: Du sagst, deine Schwester hat etwas gesagt. Wie konnte sie etwas wissen, nachdem du mir erzählt hast, sie war aus dem Haus? Oder gab es Situationen, wo sie doch daheim war und etwas gemerkt hat?

Antwort: Sie war ja jünger als ich. Sie muß zu der Zeit sechs Jahre alt gewesen sein. Und ich kann mich an eine Situation erinnern, wo er uns beide als Kinder gebadet hat. Da sind auch Dinge geschehen.

Frage: Ist es möglich, daß du nicht das einzige Opfer von deinem Vater bist?

Antwort: Ich sehe meine jüngere Schwester eigentlich in der gleichen Rolle wie mich.

Frage: Das heißt, es gibt vielleicht wenig Kommunikation zwischen dir und auch der anderen Schwester zu diesem Thema?

Antwort: Da haben wir uns mal ausgesprochen. Sie war auch mal interessiert daran zu wissen, weil sie aus meiner Mutter nie was rausgekriegt hat. Und sie wollte wissen, warum sie sich von ihrem ersten Mann hat scheiden lassen. Sie ahnte auch immer nur was. Nach dem Tod meiner Mutter kam das Thema mal darauf. Und dann habe ich ihr gesagt, was Mutter erzählt hat, sie hat den sexuellen Mißbrauch an uns Kindern immer als seelische Grausamkeit beschrieben.

Frage: Hat sich deine Mutter aufgrund des Mißbrauchs deines Vaters an dir scheiden lassen?

Antwort: Ja.

Frage: Nach der Inhaftierung kam der Vater nicht mehr in die Familie?

Antwort: Nein. Sie hat sich während seiner Haft scheiden lassen.

Frage: Wie hast du das als Kind erlebt, daß der Vater nicht mehr zurückkommt? War das für dich eine Erlösung: „Jetzt bin ich froh, der kommt nicht mehr in mein Bett", oder war das für dich ein herber Verlust und du sagst: „Dafür kann ich doch meinen Papa nicht opfern"?

Antwort: Ich habe immer noch das Bild vor Augen auf dem Gericht: Wir als Kinder haben im Prozeß nicht mehr aussagen müssen. Das hat meine Mutter durchgesetzt. Und dann sehe ich mich heute noch sitzen nach der Urteilsverkündigung, und die Tür ging auf, und ich sehe meinen Vater mit Handschellen und wie sie ihn wegbringen. Und dann habe ich geschrien und mich an ihn gehängt, und es war das Schlimmste, was ich erlebt hatte. Ich konnte es gar nicht verstehen, was da läuft. Ich wußte nur: Man nimmt mir meinen Papa weg, und jetzt kommt er mit Handschellen und ich sehe ihn nicht mehr. Das war ...

Frage: ... ein großer Schmerz?

Antwort: Ja, weil ich es immer noch nicht verstehen konnte und auch nie wußte, daß das der Grund war. Da hat meine Mutter auch nie mit mir drüber gesprochen.

Frage: Diese uralte Regel „Rede nicht!" galt?

Antwort: Die galt bis zur letzten Stunde, als ich meine Mutter auf dem Sterbebett begleitet habe.

Frage: Ja, wir werden später noch darauf kommen, wie du dann dieses Schweigen gebrochen hast. Deine Mutter hat versucht, es wegzuschweigen, was gewesen ist. Gab es nach der dreijährigen Gefängniszeit Kontakte zwischen dir und deinem Vater?

Antwort: Ja, ja, es gab danach schon Kontakt. Er wohnte dann auch eine Zeitlang in unserer Stadt. Ich wußte, wo er wohnte, und wir haben uns auch des öfteren getroffen. Und dann ist er weggezogen, es war ja bekannt in der ganzen Nachbarschaft. Das war für uns schon ein Spießrutenlauf.

Frage: Gehen wir mal mehr in die Gegenwart hinein. Wie kamst du dazu, das Schweigen brechen zu wollen? Es gab ja auch Zeiten, wo du angefangen hast, als erwachsener Mann noch einmal darüber nachzudenken. Was war deine Motivation, daß du dein Schweigen brechen wolltest?

Antwort: Der Druck wurde immer größer. Und ich habe gespürt, daß ich auch mit meiner eigenen Sexualität nicht fertig werden konnte. Als Jugendlicher hatte ich auch Kontakt zu Homosexuellen und habe das auch mitgemacht. Meine Mutter hatte mich mal überrascht mit einem Mann. Es gab einen Riesenauflauf in der Familie. Aber der Druck in mir ... ich wurde damit nicht mehr fertig.

Frage: Liegt das schon lange zurück?

Antwort: Das ist erst jetzt, nach dem Tode meines Vaters geschehen, da war ich irgendwie freier. Ich konnte dann auch mit meiner Frau viel freier darüber reden. Es war, als wenn das Versprechen nicht mehr gilt, jetzt nach seinem Tod.

Frage: Obwohl du ja schon längst ein erwachsener, mündiger Mann warst! Aber in dieser Beziehung wolltest du sozusagen Treue bis in den Tod halten. Du warst eben ein treuer Sohn.

Antwort: Ich weiß nicht ... wenn du sagst „als Sohn" ... ich bin mir heute nicht im klaren, ob er mich überhaupt als Sohn akzeptiert hat. Ich war eigentlich immer „kränklich", und er konnte mit Krankheit sowieso nichts anfangen. Vielleicht, daß er mich dadurch auch demütigen wollte und mir vielleicht zeigen wollte, wie schwach und was für eine Memme ich eigentlich bin.

Frage: Also dann der Mißbrauch als Strafe?

Antwort: Find' ich.

Frage: Das würde ja auch bedeuten, du könntest die Phantasie entwickeln, selber schuld zu sein. Wärst du ein harter Junge, würde dir das nicht passieren!?

Antwort: Ja.

Frage: Was ist mit deinem Selbstwert passiert in der Zeit, als du mißbraucht wurdest?

Antwort: Ach, ich habe mich überhaupt nicht mehr als „Wert" geachtet, ich hatte auch keine Freunde, ich hatte ja niemanden, dem ich mich anvertrauen konnte.

Frage: Gehen wir einen Schritt weiter auf deinem Genesungsweg. Wie hast du es geschafft, das Schweigen zu brechen? Da war einmal der Tod deines Vaters. Was gab es noch, daß dich ermutigt hat, dein Schweigen zu brechen?

Antwort: Da war erst mal der Tod von meinem Vater. Dann, ein Jahr später, starb meine Mutter. Und da hab' ich mich einfach an nichts mehr gebunden gefühlt und ich spürte, daß auch in meiner Familie und in meiner Ehe ... daß da was zwischen uns stand, wo nie drüber geredet wurde. Ich ging dann zu einem Gruppenleiterseminar von den Christusträgern. Zwei-, dreimal war ich auf diesem Seminar und gehe jetzt noch regelmäßig hin. Aber es hat zwei-, dreimal gedauert ... jedesmal bin ich mit dem festen Vorsatz hingefahren: Jetzt machst du reinen Tisch. Denn es war auch ein Haß in mir, es war ein Groll in mir. Ich wollte es eigentlich gar nicht, weil ich zwischenzeitlich gesehen habe, wie mein Vater erzogen worden ist, aus welcher Herkunftsfamilie er stammt. Da wurde mir auch einiges klar, und irgendwie war der Wunsch in mir, ihm zu vergeben. Aber ich konnte es nicht. Ich bin jedesmal aus dem Seminar unbefriedigt wieder weggefahren. Ich habe mir Vorwürfe gemacht und habe mir gesagt: „Du hast wieder nicht das fertiggebracht, was du eigentlich wolltest." Und erst beim dritten Seminar war mir klar – und ich hatte mir das auch zu Hause fest vorgenommen, du gehst jetzt in dieses Seminar und benutzt endlich auch mal das Seminar dazu, selber abzuladen. Und das ist dann auch geschehen bei dem Referenten. Das war wie eine Erlösung für mich.

Frage: Über 40 Jahre hast du das mit dir getragen?

Antwort: Ja.

Frage: Was gab's noch für Schritte der Heilung, die dir geholfen haben, daß diese Wunde heilen kann?

Antwort: Es hängt stark damit zusammen, daß ich mein eigenes Leben auch mit Jesus in Ordnung gebracht habe. Da waren immer noch Ärger und Haß und Wutgefühle meinem Vater gegenüber. Ich habe gespürt: es stand etwas zwischen uns.

Frage: Zwischen wem?

Antwort: Zwischen mir und meinem Vater. Er muß sich für mich auch geschämt haben. Heute weiß ich, daß er auch nicht den Mut aufgebracht hat. Er hat sich mir gegenüber auch immer schuldig gefühlt. Weil ich jetzt in Jesus diesen Vater gefunden habe, der mich in den Arm nimmt und der mir wohltut, dem ich mein Herz ausschütten konnte, das war mir einfach wichtig. Dieser Referent hat sich in die Rolle meines Vaters begeben und hat mich um Vergebung gebeten.

Frage: Anstelle deines Vaters?

Antwort: Anstelle meines Vaters.

Frage: Konntest du das annehmen?

Antwort: (Langes Schweigen) Nein. Da sind viele Tränen geflossen. Das war für mich überwältigend, daß er mich um Vergebung bittet. Und das konnte ich nicht. Ich habe ihm das auch gesagt. Aber er hat mich in den Arm genommen und mir Zeit gegeben. Und dann konnte ich es doch. Ich vergesse das dem Mann nie, was er getan hat. Das war das, was ich mir immer so gewünscht habe. Das war dann die Erlösung.

Frage: Da hast du auch gespürt, daß sich etwas gelöst hat?

Antwort: Ja, ja. Das war das erste Mal, daß mich ein Mann überhaupt wieder in den Arm nehmen konnte. Das hat mir sehr gutgetan. Ich war so froh und glücklich darüber. Ich bin diesem Mann noch heute dankbar. Wir sehen uns hier und da. Er fragt dann auch, wie es mir geht, und das tut gut. Das ist der erste Mann überhaupt, bei dem ich eine Umarmung zugelassen habe, der wirklich so sensibel mit mir umgegangen ist. Ich hatte immer Angst vor diesem Gespräch. Das glaubt mir keiner, daß ich mich dafür geschämt habe, daß mir das passiert ist. – Da sagt doch meine Frau, als ich wieder zurück nach Hause kam: „Mit dir ist etwas geschehen!“ Und ich habe ihr gesagt: „Ja, ich habe endlich damit aufgeräumt und habe es ausgeräumt und habe Jesus gebeten, daß er meinem Vater vergeben soll.“

Frage: Welche Widerstände hattest du denn dabei, diesen Schritt auf dem Genesungsweg zu gehen? Du hast gesagt, du bist dreimal zum Seminar gefahren und erst beim dritten Mal hast du es dann geschafft. Anscheinend gehört es auch zum Genesungsweg, daß das beim ersten Anlauf nicht unbedingt klappen muß. Was hast du zunächst befürchtet, was passieren könnte, wenn du dich öffnest?

Antwort: Daß er mir nicht glaubt. Und ich habe mich geschämt und hatte Schuldgefühle.

Frage: Du sagtest gerade, du hattest die Befürchtung, daß dir nicht geglaubt wird, du hattest Schuldgefühle. Das sind ja ganz schwere Sachen. Haben sich deine Befürchtungen denn bestätigt?

Antwort: Nein. Nach einiger Zeit war ich erstaunt, wie einfach es eigentlich ging. Ich habe gespürt, daß er mich um Vergebung gebeten hat. Das war für mich die Schwelle, das war für mich die Tür, durch die ich durchgehen konnte. Weil ich mich ja schuldig gefühlt habe. Und glaubte, ich müßte ihn um Vergebung bitten. In späteren Jahren habe ich gedacht, ich war ja doch schuld! Wieso ist das überhaupt rausgekommen? Ich habe da was erzählt, und dafür ist er verurteilt worden. Da konnte ich ja nicht mit fertigwerden.

Frage: Ich kann mich erinnern, du bist auch zweimal zu unserem Blaukreuz-Seminar gekommen, wo es um Überwindung von Alkoholismus, Gewalt und sexuellem Mißbrauch geht. Wie bist du eigentlich auf die Idee gekommen, dort teilzunehmen?

Antwort: Weil ich wußte, daß es mich betrifft. Ich habe ja viele Seminare vom Blauen Kreuz mitgemacht und mir ist klargeworden, daß mein Alkoholismus auch da seine Ursachen hat. Ich wollte darüber mehr wissen, ich wollte wissen, was mit mir los ist und warum ich so geworden bin, wie ich bin.

Frage: Gab es auf diesen Seminaren Dinge, die dir auch ein Stückchen geholfen haben?

Antwort: Einfach das Hören mit den anderen Teilnehmern. Auf einmal fühlte ich mich nicht mehr allein und wußte, ich bin mit meinen Problemen nicht der einzige. Es gibt noch viele, die können darüber reden ... das war für mich wichtig und das hat mir auch Mut gemacht.

Frage: Ich kann mich an einen Satz von dir erinnern. Beim

Verabschieden sagtest du: „Du kannst mich ruhig in den Arm nehmen." Ich war deswegen etwas verunsichert, weil ich dir nicht zu nahe treten wollte. Aber ich fand es dann auch schön, daß du es von dir aus gesagt hast. Und jetzt hast du ja im Interview geschildert, daß dich vor Jahren einmal der Referent als erster Mann in den Arm nehmen durfte. Könnte es sein, daß du damit einen weiteren Schritt auf deinem Genesungsweg gegangen bist? Also, daß es dir heute mehr gelingt, Männer, die du magst, auch mal in den Arm zu nehmen?

Antwort: Das kann man schon so sagen. Aber ich spüre, daß es immer wieder gilt, Widerstände zu überwinden. Doch diese Widerstände werden eigentlich immer schwächer. Da, wo ich spüre, daß mich wirklich jemand in den Arm nimmt um meiner selbst willen, da kann ich es gut zulassen und kann das auch genießen. Es hängt immer von der Situation ab. Meine Frau spürte eigentlich immer meine innere Abwehr. Ich finde das jetzt auch so gut, daß wir darüber reden können und daß sie das versteht. Am Anfang hat sie das persönlich genommen, wenn ich mich gewehrt habe. Alles hat sich in mir verkrampft, wenn sie mich in den Arm nehmen wollte. Wenn sie mich nur berühren wollte, bin ich zurückgezuckt. Es ist auch heute noch oftmals so.

Frage: Ich wollte noch mal zurückkommen auf das Blaukreuz-Seminar. Da waren ja nicht nur Männer, sondern auch Frauen. Wie war das für dich?

Antwort: Im ersten Seminar waren ja noch ein oder zwei betroffene Männer dabei. Beim zweiten Seminar, als ich gesehen habe, daß nur Frauen da waren, habe ich erstmal meinen Koffer gar nicht ausgepackt. Ich wollte abhauen, weil ich mich für mein Mannsein den Frauen gegenüber geschämt habe.

Frage: Weil die Männer Täter waren? Wolltest du nicht in diesen Topf geworfen werden?

Antwort: Ja. Und dann war es für mich wertvoll, weil ich auch als Mann angenommen war. Obwohl einige Frauen nachher dann auch gesagt haben, sie hätten Mühe gehabt mit mir und überhaupt sich neben mich zu setzen. Ich habe das nachher eigentlich als ehrlich empfunden, und das hat mir gutgetan.

Frage: In dem Seminar hatten wir auch verschiedene Einheiten, zum Beispiel Malen. Ihr habt etwas gemalt und darüber gesprochen, mal ein Rollenspiel gemacht, auch mal ein Märchen gehört, mit der Bibel gearbeitet. Es waren viele kreative Elemente darin, die nicht unbedingt die Sprache als Mittel hatten. Wie haben diese Dinge auf dich gewirkt?

Antwort: Für mich war es schon erleichternd. Das Malen hat mir gutgetan. Am Anfang diese Begegnungen und dieses Aufeinander-Zugehen ... damit hatte ich große Mühe.

Frage: Bei Nähe- und Distanz-Übungen?

Antwort: Ja. Da ist Musik gelaufen, und man hat sich einfach aufeinander zubewegt. Man sollte mit jemandem ins Gespräch kommen. Anfangs fiel es mir schwer. Aber sonst hat mir das gutgetan. Ich bin jedesmal wieder ein Stück weit gelöster und auch erlöster wieder nach Hause gefahren.

Frage: Du hattest erzählt, daß der Mißbrauch auch Auswirkungen auf deine Ehe hatte. Hatte der Mißbrauch auch Auswirkungen auf den Umgang mit deinen Kindern?

Antwort: Ich glaube, er hat nur negative Auswirkungen gehabt, denn zu der Zeit war ich auch Alkoholiker, ich lebte ja in einer ganz anderen Welt. Familie war für mich sowieso etwas Bedrohliches. Sie hat für mich gar nicht existiert. Ich wollte gerne engen Kontakt haben zu meinen Kindern, aber ich habe es nie geschafft. Erst heute sind wir dabei, uns richtig kennenzulernen. Heute bin ich in der Lage, meinen Kindern von meinem Leben etwas mitzuteilen, meine Gefühle mitzuteilen. Das macht mich glücklich, daß ich das jetzt kann. – (Bernd beginnt zu weinen.)

Frage: Wenn ich dich so erlebe, daß du wieder weinen kannst – du bist ja enorm weit gekommen. Die Regel in deiner Herkunftsfamilie hieß: „Sei hart, zeige keine Gefühle!" Weil du hier ganz selbstverständlich weinen kannst, zeigt es mir, daß du deinen Kindern einen großen Schatz geben kannst. Wie es doch möglich ist mit Gottes Hilfe und durch verschiedene Hilfestellungen, das Gefühlsleben wieder zu beleben. Haben deine Kinder aus deiner Sicht deine Veränderungen gemerkt? Konnten die irgendwie spüren, der Papa ist anders?

Antwort: Ja, das haben sie mir auch gesagt. Vor allem meine jüngste Tochter, die die längste Zeit bei uns zu Hause war, die meine ganze Entwicklung miterlebt hat, wie ich vom Alkoholismus losgekommen bin. Meine jüngste Tochter kann mich jetzt auch in den Arm nehmen und ganz spontan sein. Das tut gut. Ich spüre auch, daß die Mauer, die ich zwischen ihr und mir aufgebaut hatte, mehr und mehr abgetragen wird.

Frage: Wie hat sich die Beziehung zu deinen Söhnen verändert?

Antwort: Das ist schwierig. Der jüngste ist in der Drogenszene und ist jetzt vor kurzem erst wieder aus dem Gefängnis entlassen worden. Der älteste Sohn ist noch in Haft. Das hängt auch damit zusammen, daß ich ihnen eigentlich nie der Vater war, der ich ihnen sein wollte. Und weil ich in der Zeit getrunken habe und für die Familie ein totaler Ausfall war.

Frage: Konntest du mit deinen Söhnen mal darüber reden?

Antwort: Was die Sucht anbelangt, ja. Das akzeptieren sie und finden es gut, daß ich das geschafft habe. Aber sonst ... darüber habe ich nicht mit ihnen geredet. Mit meiner ältesten Tochter habe ich mal über den Mißbrauch geredet, da war meine Frau aber auch mit dabei. Alleine hätte ich den Mut noch nicht gehabt.

Frage: Wie ging das Gespräch mit deiner Tochter? War es schwer für dich?

Antwort: Insoweit nicht so schwer, weil sie gefragt hat und ich es nicht mehr verschweigen wollte.

Frage: Wie hat sich deine Aufarbeitung in deiner Ehe ausgewirkt?

Antwort: Wir kommen uns immer noch näher, weil jetzt auch ein Vertrauen da ist. Alles, was mit Sexualität zusammenhängt, das war für mich schmutzig, das war dreckig, das macht man nicht, das darf man nicht. Heute in der Ehe genießen wir es. Ich weiß, Gott hat uns damit ausgestattet, es ist auch sein Wunsch, daß wir uns in dieser Richtung wieder verstehen, daß auch Vertrauen herrscht. Und daß wir füreinander sensibel geworden sind.

Frage: Ja, es war alles sehr gut, auch die Körperlichkeit. Auch die Fähigkeit, Lust zu erleben, Orgasmus zu haben und sich aneinander zu freuen. Gab es denn auch Zeiten, wo du sagst: „Es war alles schmutzig in der Ehe"?

Antwort: Ja, aber das hat sich gelöst, weil ich das einfach als Pflichtübung angesehen habe. Oftmals wundere ich mich, daß ich normale Kinder habe. Oftmals war ich auch betrunken oder mußte mir Mut antrinken. Wir spüren, wir gehen mehr aufeinander ein.

Frage: Ja, das ist schön. Ihr habt viel Neues entdeckt. Aber der bisherige Druck war noch nicht völlig weg. Welche Ventile waren auf dem Weg der Heilung für dich wichtig? Wo hast du dann mal hingehen können mit deiner Wut und deiner Aggression, die du auf deinen Vater hattest?

Antwort: Der Glaube war für mich ein ganz wichtiges Ventil. Weil ich wußte: da ist ein Vater, der mich versteht und der meine Verletzungen heilen will und auch kann und das auch getan hat. Da ist auch ein Stück weit das Vertrauen gewachsen. Freunde haben da eine untergeordnete Rolle gespielt. Ich wußte ja nicht, mit wem ich reden sollte. Außer mit diesem Referenten und mit dir habe ich mit keinem anderen drüber gesprochen.

Frage: Du hast erst mal einen langen einsamen Weg mit Gott gemacht? Es sind ganz ganz wenige, die sozusagen in deinen „Safe" schauen durften?

Antwort: Ja.

Frage: Gab es denn auch mal so Wutausbrüche?

Antwort: Nein, das hat sich bei mir immer nach innen gerichtet.

Frage: Wie ging's dir denn, wenn sich alles nach innen richtete? Hat sich das auf dein Gemüt geschlagen? Bist du eher traurig-depressiv geworden oder bist du krank geworden?

Antwort: Ich habe mich dann verschlossen, regelrecht zugemacht. Es konnte keiner an mich rankommen in solchen Situationen.

Frage: Den alten Satz aus deiner Kindheit: „Sei hart!" hast du dann wieder beherzigt? Hat dir die Härte denn letztlich geholfen?

Antwort: Nein, im Gegenteil. Sie hat geschadet – mir und meiner Familie.

Frage: Sie hat dich in die Einsamkeit getrieben. Das sind ja so Spätfolgen. – Jetzt mal in eine andere Richtung: Du bist vorwärts gegangen. Wie hat sich das auf deinen Selbstwert ausgewirkt, indem du sagst: „Ja, es ist mir passiert, und ich habe es lange verschlossen gehalten, dann habe ich angefangen, das erste, zweite Mal Anlauf zu nehmen bei dem Referenten, beim dritten Mal habe ich es geschafft. Dann war es mir schwer, die Vergebung dem zuzusprechen, der anstelle meines Vaters getreten ist, aber das habe ich auch geschafft." Dann hast du dich mit deiner Frau ausgesprochen, dich angenähert mit deinen Kindern ... Wie hat sich das auf dein Selbstwertgefühl ausgewirkt? Bist du sicherer in dir? Geht's dir besser mit deinem Körper?

Antwort: Ja, ich kann mich annehmen, meine Person. Ich kann meinen Körper annehmen. Ich kann auch meine Sexualität annehmen. Da hat sich gewaltig viel getan. Vom Kopf bis zum Zeh bin ich mit mir zufrieden. Gott hat das gut gemacht. Ich kann das heute ohne Umschweife, ohne irgendwelche Schuldgefühle sagen. Das freut mich auch.

Frage: Wenn wir jetzt nochmal zurückschauen: Wie würdest du heute im Rückblick deine geistliche Entwicklung bezüglich des sexuellen Mißbrauchs und seine Überwindung beschreiben? Wie bist du eigentlich zum Glauben gekommen?

Antwort: Das war gegen Ende meiner Suchtkarriere. Da ging mein ganzes Leben kaputt. Ich hatte das Gefühl, mir rieselt alles durch, ich konnte nichts mehr festhalten. Die Ehe ging kaputt, das Geschäft ging kaputt, mein Leben ging kaputt. Dann war's wieder ein Mann, ein sehr väterlicher Mann, der eine Ausstrahlung hatte und bei dem ich spürte, der Mann hat was, wonach ich mich sehne. Ich habe ihn mit meinem Vater verglichen. Ich habe gesagt, so ein Vater, so wie er mir begegnet ... durch den Mann bin ich zum Glauben gekommen. Er war dann längere Zeit mein Begleiter.

Frage: Aber das war ja nur zu der Zeit, als du zum Glauben kamst. Wieviel Jahre lagen zwischen dem Zum-Glauben-Kommen und dem Reden mit dem Referenten?

Antwort: Sechs, sieben Jahre. Das Glaubensleben mußte auch erst bei mir wachsen, auch, daß ich an diese persönlichen Fragestellungen dranging.

Frage: Gab es in deinem Glaubensleben auch Berge und Täler, wo du sagst: „O ja, da war ich oben, da hatte ich Sieg, und dann gab's auch Wüsten." Kannst du dazu was sagen?

Antwort: Doch, ja. Es gab viele Täler und Berge. Die gibt es auch heute noch. Doch weiß ich, daß ich sie überwinden kann.

Frage: Wenn du mal in einer Wüste warst, was hat dir geholfen, rauszukommen?

Antwort: Ich habe einfach um Hilfe geschrien, weil ich die

Erfahrung gemacht habe, daß mir das geholfen hat. Und dann begegnen mir immer wieder Menschen, die mich darauf ansprechen. Da, wo ich aus eigenem Antrieb kaum was sagen würde oder wo jemand kommt und mir sagt: „Was ist los mit dir?“ Und dann bricht es auf, dann kann ich darüber reden, dann ist es okay.

Frage: Das bedeutet, du suchst dir dann Menschen, du läßt dich fragen, du weichst nicht mehr aus. Du schaffst es auch schon mal, auf jemanden zuzugehen?

Antwort: Mmh ... zu sagen: „Du, da klemmt's bei mir irgendwo.“

Frage: Siehst du einen Zusammenhang zwischen dem sexuellen Mißbrauch und dem Weg in die Suchtkarriere? Du hattest schon mal gesagt, es könnte so eine Verbindung gewesen sein.

Antwort: Ich sehe da bei mir eine ganz starke Verbindung. Weil es meine Persönlichkeit irgendwo zerstört hat und ich durch den Alkohol mir eigentlich eine Traumwelt geschaffen habe. Die war total neben der Realität, weil ich meine Realität ja nicht wahrhaben wollte. Weil ich mich selber ja auch abgelehnt hab'. Und der Alkohol hat mich irgendwo befriedigt.

Frage: Also, das Suchtmittel war für dich einmal zum Ablenken, ein Stückchen Befriedigung, und es brachte dich auch weg von dir, wenn du sagst, du hattest dich selbst abgelehnt?

Antwort: Ja.

Frage: Also hatte der Alkohol damals ganz wichtige Aufgaben. Vielfach wird gesagt, daß hinter jeder Sucht auch eine Sehnsucht steckt. Wie könnte deine Sehnsucht – wenn dieser Satz stimmt – geheißen haben?

Antwort: Die Sehnsucht nach dem Vater, nach dem Angenommensein, nach Liebe, Geborgenheit, einfach nach Gemeinschaft ... einen Vater zu haben. Das war die größte Sehnsucht. Das war das Stärkste, was ich je erlebt hab, daß es diesen Vater gibt.

Frage: Was ist dein Wunsch für deine weitere Entwicklung?

Antwort: Daß ich weiß, daß es noch weitergehen muß. Daß ich noch viel sensibler werde für mich und für den anderen, für meinen Partner, für meine Familie, für meine Kinder, meine Enkelkinder. Daß mir Gott noch mehr Liebe schenkt für den anderen.

Frage: Vielleicht auch etwas für dich?

Antwort: Ja, ich weiß, daß auch etwas für mich abfällt.

Peter Glöckl: Befreiung aus dem Netz „Alkohol, Gewalt und sexueller Mißbrauch"

Eine Seminarreihe des Blauen Kreuzes

1. Wie es zu diesen Seminaren kam

In vielen Gesprächen mit Suchtkranken und Angehörigen wurde mir deutlich, daß das Thema Gewalt und hier besonders die sexuelle Gewalt in Kindheit und Jugend der Gesprächspartner oft eine wichtige Rolle gespielt hat. Allerdings wurde darüber fast nie gesprochen. Zahlreiche Frauen und zunehmend auch Männer öffneten sich in seelsorgerlichen Gesprächen. Viele von ihnen versuchten, ihr Elend durch den Einsatz von Alkohol unbewußt zu verdrängen bzw. gezielt auszulöschen. Der Weg in eine unheilvolle Suchtkarriere war beschritten und nahm seinen tragischen Lauf. Andere Opfer sexuellen Mißbrauchs suchten zwar nicht Hilfe im Alkohol, sondern „wählten" unbewußt andere Symptome, so z. B. Medikamentenabhängigkeit, Eßstörungen, Helfersyndrom oder Rückzug in sich selbst, Depression, Selbstmordgedanken oder -versuche u. a. m. Häufig mündeten solche Überlebensstrategien in eine klassische Co-Abhängigkeitserkrankung ein.

2. Die Brücke bauen für Betroffene – sprich Überlebende

Mit dem Einladungsschreiben wollten wir vom Blauen Kreuz aus das Schweigen brechen. Gegenüber den möglichen Teilnehmerinnen und Teilnehmern legten wir großen Wert auf Transparenz. Deshalb schrieben wir:

„In diesem Seminar wollen wir uns Themen und Erfahrungen stellen, die im Alltag fast nicht angesprochen werden … Für diejenigen, die in diesem Bereich persönliche Erfahrungen gemacht haben, bleibt die Erfahrung oft unklar und leidvoll in Erinnerung. Scham- und Schuldgefühle stehen der ersehnten Hilfe und Heilung vielfach im Wege. Beharrliches Schweigen ist angesichts der Leidensgeschichte verständlich, aber es befreit nicht. In behutsamen Schritten wollen wir uns von Gottes Wort her in Referaten, Gruppen- und Einzelgesprächen, kreativen Einheiten usw. mit folgenden Themen befassen: 1. Wie können sich diese Erfahrungen auf mein Leben auswirken? 2. Welche Schritte zur Genesung, Heilung und somit zu neuer Freiheit sind möglich? Für seelsorgerliche Gespräche stehen Mitarbeiter und Mitarbeiterinnen zur Verfügung."

Für diese Seminare, die wir in Zusammenarbeit mit dem Diakonischen Werk Bethanien e.V. durchführen, wählten wir die Bibelschule in Solingen aus, in der sich viele Teilnehmerinnen und Teilnehmer[1] aufgrund der begrenzten Bettenzahl und der ansprechenden Räumlichkeiten, dem Park u. a. m. bald wohlfühlten.

Gertrud (alle Namen wurden geändert) erzählt: „Als ich in der Anmeldebestätigung las, daß auch ein Schwimmbad zur Anlage gehört, habe ich meinen Badeanzug extra zu Hause gelassen. Aber bereits am dritten Seminartag bin ich dann doch mit Bärbel, einer anderen Teilnehmerin, in die Stadt gefahren und habe mir einen Badeanzug gekauft. Das war seit Jahren das erste Mal, daß ich mich wieder getraut habe, zum Baden zu gehen. Ja, für mich war es eine echte Überwindung, allein hätte ich das nicht geschafft! Aber ich hatte wieder richtig Freude daran gefunden."

3. Die Ouvertüre

Dem Einstieg in die Seminare messe ich große Bedeutung bei, weil hier sowohl die Unsicherheiten als auch die freudige Spannung hinsichtlich dem Neuen zusammenkommen. So wählte ich zwei Elemente aus, die sowohl die kognitive als auch die emotionale Ebene ansprachen und zum anderen kommunikationsfördernd wirkten.

In einem Kurzreferat machte ich unser Angebot transparent, damit die Unruhe gehen und die Gelassenheit eintreten konnte. Für viele Teilnehmer war es wichtig, bald zu wissen: was (Inhalte),

---

1 Wegen der besseren Lesbarkeit behalten wir im Folgenden die Sammelbegriffe „Teilnehmer" und „Mitarbeiter" bei,die Frauen und Männer einschließen.

wie (Methodik, z. B. Gruppenarbeit), wann (zeitliche Programmgestaltung), wo (örtliche Orientierung) und mit wem (Gesprächspartner/Leitungsteam) geplant ist und wo Freiräume für eigene Vorstellungen und persönliches Engagement gegeben sind.

Da ich durch die Auswertung meiner Gespräche mit Überlebenden davon ausgegangen bin, daß unsere Teilnehmer oft in ihrem Alltagsleben „funktionieren" bzw. sich „funktionstüchtig zeigen" und zu Situationen ja sagen, obwohl sie mehr das Nein meinen, legte ich Wert auf Freiheit und Autonomie der Teilnehmer. Ich bat sie, auf die Vielzahl ihrer inneren Stimmen zu hören und eröffnete für alle die Möglichkeit, einzelnen Seminarangeboten fernzubleiben bzw. sich aus den laufenden Seminareinheiten herauszunehmen. Auch in den folgenden Tagen wies ich wiederholt darauf hin.

Durch die kommunikationsfördernden Elemente z. B. einiger Übungen zum Aufwärmen, die mit Musik unterlegt waren und in ihrem Ablauf auf Spontaneität und Spaß zielten, konnten viele Teilnehmer und auch wir Mitarbeiter Unsicherheiten ablegen und spielerisch Kontakte aufnehmen.

4. Das Problem ist nicht die Lösung

Die Opfer sexuellen Mißbrauchs wollen wir ab jetzt nicht mehr nach ihrem Leid, sondern nach ihrer Kompetenz zu überleben „Überlebende" nennen. Für viele von ihnen ist es aufgrund unterschiedlicher Erfahrungen zur Gewohnheit geworden, Gott und die Welt und oft auch sich selbst eher negativ und problematisch wahrzunehmen. Sind die Sinne aber einmal auf das Suchen von Fehlern, Defiziten und möglichen Feindseligkeiten trainiert, dann können diese fast überall gefunden und angeprangert werden. In diesem Denk- und Wahrnehmungskreislauf, der durch das erfahrene Leid sicher eine Berechtigung hat, können innere Überzeugungen wie z. B.: „Die Menschen sind gemein zu mir – irgend etwas an mir muß schlecht sein; die anderen haben Recht – mir geschieht es recht" neue Nahrung erhalten. Das destruktive System, das zu einem „Teufelskreis" geworden ist, dreht sich mit seinen verhängnisvollen Auswirkungen weiter:

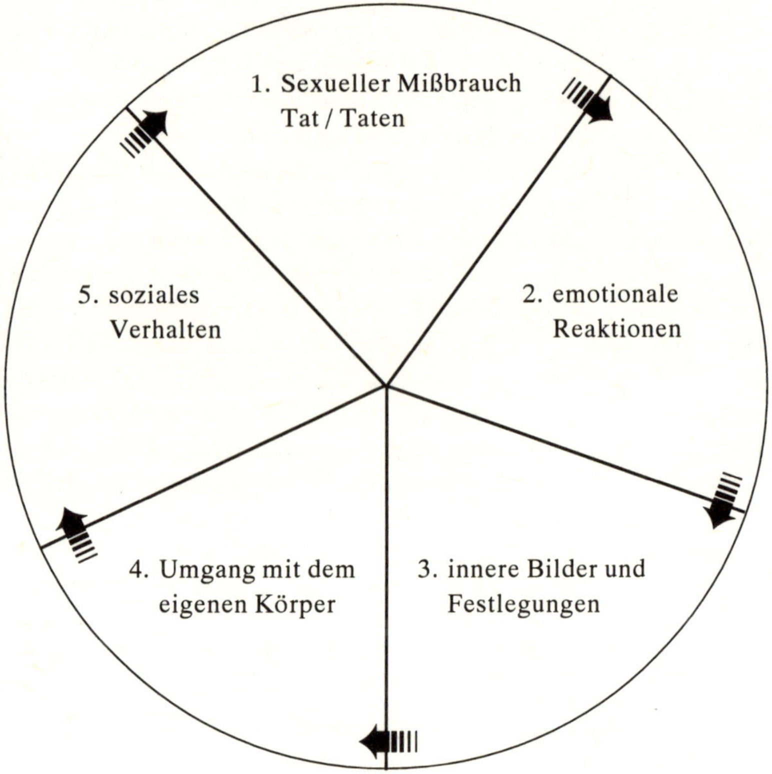

Schaubild zur Veranschaulichung der möglichen Folgen sexuellen Mißbrauchs bei den Überlebenden in verschiedenen Bereichen. In der nebenstehenden Tabelle sind die einzelnen Punkte noch näher erläutert.

Diesem modellhaft aufgezeigten System liegt die Erfahrung und schließlich die Überzeugung zugrunde, daß „man“ und „frau“ sowieso nichts machen kann. Gerade aber die Arbeit in angeleiteten Selbsthilfegruppen und im therapeutischen Bereich zeigt, daß oftmals die Veränderung einzelner, wenn auch kleiner Bausteine im bisherigen System enorme positive Auswirkungen haben können.

Mitentscheidend dabei ist die Erkenntnis, daß das Problem nicht

1. Sexueller Mißbrauch Tat / Taten	– erfahrenes Leid: – körperlicher Schmerz – seelischer Schmerz (Scham und Selbstwert)
2. emotionale Reaktionen	– Wut und Haß auf Täter, Täterin – Wut und Verachtung auf alle untätigen Mitwisser und Leugner – Wut und Enttäuschung gegenüber Gott
3. innere Bilder und Festlegungen	– die Menschen sind gemein – ich habe es verdient – ich darf mich nicht wehren und abgrenzen – Gott, der Vater im Himmel, kann mir gestohlen bleiben – ich bin ohnmächtig – das ist nur ein böser Traum, das wirkliche Leben kommt noch
4. Umgang mit dem eigenen Körper	– er muß oft leiden: Autoaggression (Selbstverletzung) – überzogener Ehrgeiz z. B. beim Sport, Gartenarbeit usw. – die „Geschlechtlichkeit“ wird versteckt durch Abmagern oder „Anfuttern“ eines „Fettpanzers“ – weite und dunkle Kleidung
5. soziales Verhalten	– destruktive Kommunikationsmuster überwiegen – Isolation (Rückzug von Freunden / Gemeinde) – Abwehrhaltung als Schutz vor weiteren Verletzungen – Tendenz zur Beziehungslosigkeit – Promiskuität – Prostitution – Homosexualität – evtl. neuer Mißbrauch

die Lösung ist. Dieser Satz, der wie eine Binsenweisheit klingt, deutet an, daß zwar oftmals eine Lösung formell gesucht wird, dabei aber stets das Problem mit seinen Auswirkungen, nicht aber die zur Lösung dienlichen Ressourcen im Mittelpunkt stehen. Gehen wir aber anderseits davon aus, daß die zur Lösung wichtigen Kräfte und Fähigkeiten (Ressourcen) zum Teil schon vorhanden sind, aber aus verschiedenen Gründen (z. B. Angst vor Loyalitätskonflikten, vor Spott oder Isolation) noch nicht aktiviert werden, so können neue Perspektiven zum Beispiel in der Gruppenarbeit oder im Einzelgespräch mit Beratern und/oder Seelsorgern erarbeitet werden.

Das auf der vorigen Seite vorgestellte Modell deutet bereits an, daß der sexuelle Mißbrauch zu Beeinträchtigungen auf allen Ebenen und Beziehungen führen kann.

Wenn alle Ebenen des Systems sozusagen miteinbezogen sind, da sie ja miteinander verwoben sind, dann besteht im Umkehrschluß die Möglichkeit, auf vielen dieser Ebenen das bisher verborgene Potential – Gaben, Talente, Fähigkeiten – schrittweise zu suchen und zunächst in einem geschützten Rahmen zu fördern.

Im Folgenden werden einige Interventionen vorgestellt, wobei anzumerken ist, daß in der verbal geäußerten, geschriebenen Sprache nur begrenzt Eindrücke, Gefühle und Beziehungsgestaltung wiedergegeben werden können.

5. Wo ist deine Tankstelle?

Bei der folgenden Interaktion richtet sich die Aufmerksamkeit auf die Wahrnehmung, wo, wie und gegebenenfalls mit wem die Teilnehmer des Seminars bisher ihre Kraftreserven für Körper, Seele und Geist aufgetankt haben.

Bei einem der Einführungs- und Kennenlernabende schlage ich einmal eine gemeinsame Fantasiereise mit dem Omnibus vor. Per Tageslichtschreiber sehen wir die Landkarte Deutschlands an der Wand, einige Städte und Inseln sind zur Orientierung eingezeichnet. Jeder Mitarbeiter und Teilnehmer kann nun seinen Heimatort markieren und den anderen mitteilen, wo, wie und gegebenenfalls bei wem er oder sie im Alltag seine Ressourcen, d. h. hier seine Kräfte, wieder stärkt, sich geborgen fühlt und seine Seele entspannt baumeln lassen kann.

Claudia kommt aus Berlin. Sie „tankt" gern auf dem Sofa mit ihrer Schmusekatze Tinka auf.

Irene, die im Siegerland lebt, verkriecht sich gern ins Dachgeschoß. „Unter der Schräge, in meinem Sessel, beim Lesen, fühle ich mich wohl."

Traudl hat einen weiten Weg. Sie kommt aus Bayern. „Auftanken? Nein, wohlfühlen kann ich mich nicht zu Hause bei meinem Mann. Richtig gut geht's mir bei meiner Freundin Gaby, bei einer Tasse Tee. Die versteht mich wenigstens."

Günther aus dem Schwabenland pflegt dann sein Hobby: „Ich gehe in den Keller. Dort bin ich mit meinen Modellflugzeugen allein. Da kann ich alles andere abschalten."

Regina aus Bremen sagte: „Zuerst wollte mir gar nichts einfallen, ich bin doch fast immer allein. Aber beim Zuhören wurde es mir klar. Es ist zwar komisch, aber wahr: ich genieße das warme Wasser in der Badewanne."

Marianne aus dem Revier berichtet: „Nachdem zuerst mein Mann und anschließend meine Schwester gestorben ist, habe ich niemand mehr. (Pause) Ich habe gern Menschen um mich, darum gehe ich schon mal in ein Cafe, zum Bummeln und zum Frauenkreis in die Gemeinde."

6. Wenn der Perspektivenwechsel Mühe macht: „Sie sind doch nicht alle gleich."

Da wir die Seminare sowohl für betroffene Frauen als auch für betroffene Männer ausschreiben, waren mit steigendem Männeranteil beide Geschlechter vertreten. Während der Seminare arbeiteten wir mit verschiedenen Elementen, so daß sich zeitweise Frauen und Männer in getrennten Gruppen unbefangen äußern konnten.

Für Bernd war es besonders hart, als er in einem der Seminare bemerkte, daß er mit mir, dem Leiter, der einzige Mann im Seminar war. Obwohl er selbst unter der sexuellen Gewalt eines Mannes gelitten hatte, also ein Opfer war, identifizierte er sich zunächst mit „den Männern als den Tätern“, schämte sich für sein Mannsein und wollte bald wieder abreisen. Durch sein Bleiben, sein Mitwirken und seine echte Anteilnahme brachte er bei einigen betroffenen Frauen etwas ins Rollen.

Helga schildert das so: „Als ich mich zu dem Seminar angemeldet hatte, habe ich gar nicht darüber nachgedacht, daß es auch Männer gibt, die Opfer von Gewalt und sexuellem Mißbrauch geworden sind, geschweige denn, daß die auch kommen könnten. Ich war wirklich überrascht und ging erst einmal auf Distanz. Bernd war nett, fast sympathisch, aber nein, sagte ich mir dann, die Männer sind doch alle gleich! – Während der Seminartage beobachtete ich die beiden Männer mehr, als ich eigentlich wollte. Beim Abschiednehmen am Ende des Seminars habe ich mir eingestehen müssen, daß mein Bild von den Männern nur eine Seite der Medaille gezeigt hatte. Heute bin ich froh, daß ich dabei nicht stehengeblieben bin.“

7. „Wie habe ich es geschafft, mich zu diesem Seminar anzumelden?“

Auf diese Frage antwortete Anika als erste spontan: „Ich bin in meiner Heimatstadt in ambulanter therapeutischer Behandlung. Dort habe ich meiner Psychologin von dem Seminar erzählt. Sie hat mir Mut gemacht, es auszuprobieren, darum bin ich da.“

Iris sagt: „Mein Freund und ich verstehen uns wirklich gut, aber immer wenn es zu Zärtlichkeiten kommt, kann ich nicht mehr. (Pause – sie schluckt) Dabei liebe ich ihn doch.“

Marianne schaltet sich sofort ein: „Das war bei meinem Mann und mir auch so. Damals habe ich dann angefangen zu trinken, ich hab’s im Kopf nicht ausgehalten. Der Alkohol ist für mich seit drei Jahren kein Problem mehr. Manchmal aber habe ich so Erinnerungsblitze. Dann bin ich ganz verunsichert.“

Werner: „Mich hat das Thema angesprochen.“

Helene: „Ich bin gekommen, weil ich mich informieren wollte.“

Natalie: „Ich habe zwar nie eine Therapie gemacht, aber schon einiges zum Thema gelesen. Seit etwa zwei Jahren beschäftige ich mich jetzt damit und will weiterkommen."

Luise: „Bei uns im Ort kann ich mit niemand darüber reden. Dann habe ich den Prospekt gelesen und mir gesagt: Vielleicht findest du ja dort jemand."

Sibylle: „In unserer Gemeinde hat mich meine Seelsorgerin auf dieses Seminar im Bibelschulprospekt hingewiesen. Wir sind schon längere Zeit im Gespräch. Und weil es von Christen angeboten wird, habe ich mich auch getraut zu kommen."

8. Zielformulierung

„Mit der Formulierung eines Zieles wird eine realistische Vision von der Zukunft aufgestellt. Durch das Wissen über das Ziel läßt sich leichter bestimmen, in welche Richtung die ersten Schritte gehen sollen", meint der Arzt und Psychotherapeut Thomas Weiss.[2]

Mit Hilfe eines Blattes Papier bat ich die Teilnehmer, sich zunächst allein, dann in der Gruppe mit zwei Fragen auseinander zu setzen:

1. „Das Seminar wäre gut für mich, wenn ..."

Folgende Ziele strebte ich an:

a) Der Blick wird ins Hier und Heute des Seminars gelenkt, also weg von zu Hause.
b) Gefragt sind positive Elemente, d. h. es geht nicht darum, Klagelisten zu schreiben, sondern Konstruktives aus Sicht der Teilnehmer zu suchen und zu notieren.
c) In der Fragestellung wird die Aufmerksamkeit ausschließlich auf die Teilnehmer gelegt, sie sind wichtig, ihre Meinung ist gefragt.

Zunächst fiel es einigen sichtlich schwer, eigene Bedürfnisse und Erwartungen wahrzunehmen, sie aufzuschreiben und so ihr

---

2 Weiss, Thomas: Familientherapie ohne Familie. Kurztherapie mit Einzelpatienten. Kösel, München. 1988. Seite 86

persönliches Seminarziel zu formulieren. Andere konnten sich deutlich ausdrücken (Erholung, Anregungen, um mehr Selbstvertrauen zu gewinnen, persönlicher Austausch usw.).

2. *„Während des Seminars möchte ich im folgenden Punkt Klarheit gewinnen bzw. weiterkommen ...“*

Hier entstanden zahlreiche Schwarzweiß-Bilder neben wenigen Farbgemälden. Für einige wenige waren die nächsten Schritte klar, sie wußten, was sie wollten und anstrebten. Andere wußten, was sie nicht mehr wollten, was ihnen Not und Druck machte. Zwischen den Zeilen war der Wunsch nach Entlastung zu spüren.

Ausgesprochen wurden vor allem Gedanken der Anklage („das sich beklagende Muster“) und des Selbstmitleides. Die Gedanken suchten also wie gewohnt den Himmel nach Wolken ab und entfachten ein Gewitter, wie sie es wohl schon oft miterlebt hatten.

Unwahrscheinlich groß schien die Macht der negativen Gedanken zu sein. Jahrelang „trainiertes“ problembezogenes Denken wollte einem lösungsorientierten, die eigene Autonomie fördernden Ansatz nicht so einfach das Feld räumen.

9. Tu mir das nicht an

Über den sexuellen Mißbrauch, über Opfer (also Überlebende), Täter und Mitwisser bzw. Leugner wird heute in der Öffentlichkeit breit berichtet. Jedoch ist das Thema so alt wie die Menschheit. So berichtet z. B. die Bibel in 2. Samuel 13, 1-22 darüber. Ich erzähle den Text frei nach:

Es ist wieder einer dieser unerträglich heißen Nachmittage. Die Sonne brennt so stark, daß die Luft zu flimmern beginnt.

In Amnon, dem ältesten Sohn des Königs David, arbeitete es sichtlich. Er hat sich nämlich unsterblich in seine attraktive Halbschwester verliebt. Immer, wenn er an sie denkt, und er denkt immer öfter an sie, wird er geradezu krank vor Liebe. Obwohl ihm die Schwester seines Halbbruders Abschalom so sehr gefällt, findet er keine Möglichkeit, sie zu treffen, um mit ihr allein zu sein. Vor kurzem hat einer seiner Freunde geheiratet, aber Amnon will sich noch nicht binden.

Manchmal kann er Tamar bei Familienfeiern sehen, dann stellt er sich in seinen Gedanken vor, wie es wohl mit ihr wäre ... Sie und er allein – aber nein, da führt kein Weg hin.

Guter Rat ist teuer, schlechter Rat kommt teuer. Als sein Freund Jonadab merkt, daß Amnon so antrieblos ist, spricht er ihn einmal daraufhin an: „Du siehst immer so elend aus, Königssohn. Sag doch, was ist mit dir los?"

„Tja", sagt Amnon, „ich bin verliebt in Tamar, du weißt schon, die Schwester meines Bruders Abschalom, die mit der tollen Figur."

Jonadab ist nicht dumm, er hatte schon oft eine gute Idee. Nach kurzem Nachdenken fällt ihm ein gerissener Plan ein: „Du legst dich ins Bett und stellst dich krank. Wenn dein Vater nach dir sieht, dann sagst du zu ihm: ‚Schick mir doch meine Schwester Tamar her, damit sie mir etwas Gutes zu essen bringt. Hier vor meinen Augen soll sie selbst es mir reichen.'"

Mit diesem Plan ist Amnon einverstanden, denn so kann er seinem Ziel näherkommen und sogar mit der Autorität seines Vaters als Unterstützung rechnen. Jetzt wird es auch Tamar nicht mehr wagen, sich dem „kranken" Bruder zu entziehen, ihm ihre Hilfe zu verweigern und sich damit dem König zu widersetzen.

Der Täter bereitet sein Feld und seine Tat vor. Wieder hat sich Amnon in seinen Gedanken alles ausgemalt, doch dieses Mal steht sein Entschluß fest: „Ich will sie haben." Immer enger wird der Kreis seiner Gedanken, so daß er nur noch sich selbst, seine Ziele und Gefühle wahrnimmt. Nach den Bedürfnissen Tamars fragt er nicht, diese sind ihm egal. Er will endlich ans Ziel kommen, an sein Ziel, da ist ihm auch die Lüge recht.

Als ihn nun sein Vater, der König, besucht, stellt er sich krank und bittet ihn: „Schick mir doch bitte meine Schwester Tamar her! Sie soll hier vor meinen Augen ein paar Kuchen zubereiten und sie mir reichen." David ahnt nichts und läßt Tamar ausrichten: „Geh ins Haus deines Bruders Amnon und mach ihm etwas zu essen, damit er wieder gesund wird."

Für Tamar ist das keine ungewöhnliche Aufgabe, und so besucht sie ganz unbefangen ihren Halbbruder.

„Ja, er scheint wirklich sehr krank zu sein", denkt sie, als sie ihn da liegen sieht, und macht sich an die Arbeit. Sie nimmt den Teig, knetet ihn, formt Kuchen daraus und bäckt sie in der Pfanne. Amnon beobachtet sie die ganze Zeit. Dann nimmt sie die Pfanne und will ihm die Kuchen bringen.

Amnon wird zum Täter. Aber Amnon weigert sich zu essen. Er will keine Zeugen haben, auch soll ihn niemand an seinem Vorhaben hindern. Deshalb verlangt er, daß die anderen, die Diener, erst hinausgehen. Dann befiehlt er Tamar: „Bring mir die Kuchen hierher ans Bett! Ich mag nur essen, wenn du selbst sie mir gibst."

Als Tamar zu ihm ans Bett kommt, um ihm den Kuchen zu reichen, packt er sie und drängt sie: „Komm, leg dich zu mir!"

Aber Tamar wehrt sich und schreit: „Nein, tu mir das nicht an. Das ist ein schweres Verbrechen. Tu es nicht!" Sie fleht: „Was soll aus mir werden, wenn du mich so entehrst? Und denk an dich: Du wirst als ein Verbrecher dastehen!"

In ihrer Not versucht sie sich mit Händen, Füßen und Worten zu wehren. Aber Amnon will nicht auf sie hören und vergewaltigt sie.

Die unschuldige Tamar stirbt viele Tode. Danach geschieht noch etwas Furchtbares für Tamar:

„Er hat mich vergewaltigt, ich habe alles versucht, aber er war stärker als ich. Aber dann fing er an, mich zu hassen, als ob ich schuld gewesen wäre. Dabei ist er schuld, und er hat sich eklig, abscheulich verhalten. Er ließ mich seine Abneigung, seinen Haß und Ekel spüren und schrie mich an: ‚Steh auf! Mach, daß du fortkommst.' Aber wo sollte ich denn jetzt hin? Meine ganze Zukunft war zerstört. Dann ließ er mich sogar durch seinen Diener aus dem Haus werfen. In mir war wieder etwas gestorben."

Tamar hat ein Gewand mit langen Ärmeln an, wie es die unverheirateten Königstöchter tragen. Wie sonst bei der Totenklage üblich, zerreißt sie ihr Gewand, streut sich Staub auf den Kopf, legt die Hand darauf und läuft weinend nach Hause.

Als ihr Bruder Abschalom sie sieht, ahnt er schon die Tragödie. Er fragte Tamar: „Hat Amnon dir etwas angetan?"

Tamar kann kein Wort sagen, schaut nur mit leeren Augen auf den Boden.

Dann sagt Abschalom: „Sprich nicht darüber, er ist schließlich dein Bruder! Nimm es nicht zu schwer."

Tamar fragt sich: „Mit wem hätte ich auch sprechen sollen? Vielleicht hat Abschalom recht, Amnon ist ja mein Bruder." Aber dieses Trauma bleibt für Tamar nicht ohne Folgen. Sie bleibt im Haus ihres Bruders Abschalom, einsam und trauernd wie eine verstoßene Frau.

Hilfe und Heilung wäre möglich gewesen ... Für sie ist es furchtbar, daß sich nicht einmal ihr Vater für sie einsetzt, als er davon erfahren hat.

König David bestraft Amnon nicht, denn er liebt ihn, weil er sein erstgeborener Sohn ist.

Da das Problem nicht angesprochen wird, kann es auch nicht gelöst werden. So zieht es weitere Kreise in der Familie: Abschalom spricht kein Wort mehr mit Amnon, so sehr haßt er ihn, weil er seine Schwester Tamar geschändet hat. Schließlich läßt Abschalom seinen Bruder Amnon töten und rebelliert gegen seinen Vater David.

An Tamars Leidensgeschichte wird deutlich, daß sexueller Mißbrauch mit seinen Folgen kein Einzelschicksal ist, denn viele sind betroffen. Doch noch immer ist es vielen der Betroffenen nicht möglich, über ihr Leid zu sprechen. Über dieses Tabu spricht man nicht ... Aber der seelische Druck der Betroffenen ist so groß, daß er sich wenn nicht durch Worte, dann auf andere Weise äußert. Oft wählen gerade Kinder und Jugendliche unbewußt Symbole im Sinne von Ventilen, um seelischen Druck abbauen zu können. So hat ein zwölfjähriges Mädchen während der Zeit ihres Mißbrauchs „Ihre Zeilen" geschrieben und in ihrem Tagebuch aufbewahrt. Sie sind auf der folgenden Seite zu lesen.

Meine Zeilen

Der Wind heult
sandumweht
ein Mensch der furchtlos steht
das Meer peitscht
wild lecken seine Zungen
um zu erringen diesen Menschenjungen
doch
dieser steht stumm und starr
nicht achtend der brüllenden tobenden Gefahr
nur sehnsuchtsvoll den Blick gerichtet
auf das aufgewühlte Meer
sehnsuchtsvoll in Weiten träumend
die nimmer sie erreichen kann
doch
plötzlich
nimmt grausiger Schreck von ihr Besitz
sie kann nicht mehr hin und nicht mehr zurück
sie kämpft gegen Wogen und Wellen an
doch
das Meer zieht sie in seinen tödlichen Bann
brodelnde schäumende Tiefen
eröffnen sich ihr
die Sinne schwinden
ihr Schrei gellt durch die endlose stürmische Nacht
wieder einmal hat es das wilde gewaltige Meer geschafft
fast höhnisch recken sich Wellenberge und schäumende Gischt
sie wissen
ihr Opfer entging ihnen nicht
ein Opfer
das sich selber gestellt
das sinnend und zweifelnd ging
durch diese schuldvolle
unbarmherzige Welt

Chris, 12 Jahre

10. Der Adler, der noch nicht fliegen wollte

Ähnlich wie Chris können manche Überlebende ihre schrecklichen Erfahrungen, aber auch ihre Wünsche und Sehnsüchte eher durch Metaphern, Gedichte, Musik oder Bilder zum Ausdruck bringen. Obwohl vielen Überlebenden manchmal jahrelang Schweigen verordnet wurde (auch Abschalom riet seiner Schwester Tamar: „Sprich nicht darüber"), sind im Unterbewußtsein oft noch die verschiedensten Eindrücke, Gefühle und Sehnsüchte gegenwärtig.

Da Überlebende oft schier ohnmächtig bzw. für sie nicht durchschaubaren Zwängen ausgesetzt waren, legten wir im Seminar großen Wert auf Freiwilligkeit der Teilnehmer (Autonomie) und Durchsichtigkeit (Transparenz) unserer Angebote.

Zur folgenden Intervention, die den Teilnehmern in ihrem Ablauf klar geschildert wurde, hatten alle einen großen Papierbogen sowie Wachsmalkreide erhalten.

Nun las ich den Teilnehmern das Märchen von James Aggrey[3] vom Adler, der nicht fliegen wollte, vor. Es erzählt von einem Mann, der in einen Wald ging und einen jungen Adler fand. Er nahm ihn mit und sperrte ihn zu seinen Hühnern in den Käfig. Dort wuchs der Adler auf. Nach fünf Jahren erhielt der Mann Besuch von einem naturkundigen Mann. Dieser Mann sah den Adler und sagte: „Dieser Vogel ist kein Huhn, er ist ein Adler." „Ja", sagte der Mann, „das stimmt." Aber ich habe ihn zu einem Huhn erzogen, auch wenn seine Flügel drei Meter breit sind." Da wollte der Naturkundige sehen, wie der Adler flog. Doch der machte von seinen Flügeln keinen Gebrauch. Aber der Mann gab nicht auf und unternahm viele Versuche mit dem Adler, damit dieser fliegen und sich als Adler entfalten könnte. Obwohl der Adler seine Freiheit hätte haben können, wählte er in den ersten Versuchen immer wieder den Hühnerhof. Schließlich aber entdeckte der Adler mit Hilfe des Naturkundigen die Sonne und flog in die Freiheit.

Jeder Teilnehmer konnte nun das malen, was ihn angesprochen hat bzw. ihm in den Sinn gekommen war.

---

[3] Aggrey, James: Der Adler, der nicht fliegen wollte. Peter Hammer Verlag. Wuppertal 1990

Der Adler mit den beiden Köpfen schaut zur Sonne und zum Käfig, er lebt zwischen Freiheit und Eingesperrtsein

Nachdem ich Raum für die Würdigung der Widerstände gegen das Malen gegeben hatte – es erinnerte viele an die Schulzeit –, zeigten die Teilnehmer reges Interesse daran. Schweigen erfüllte den Raum.

Von der abschließenden freiwilligen Vorstellung der Werke durch die Künstler blieben mir besonders Tabeas Worte im Ohr: „Bisher hatte ich im Seminar oft geschwiegen. Ich sah mir alles an. Das Märchen gefiel mir, aber ich konnte kein eindeutiges Bild malen. Es ging nicht. Dann habe ich eben gemalt, wie ich es spürte und was ich spürte. Ich habe einen Adler mit zwei Köpfen gemalt – der eine sieht zurück zum Käfig, zu den gackernden Hühnern, der andere zur Sonne, also in die Freiheit."

Ich: „Was könnten die beiden Köpfe symbolisieren?"

Tabea: „Tja, ich habe meine Ängste und Sehnsüchte gemalt – das wird mir immer klarer. Das widerspricht sich so. (Sie zeigt auf ihrem Bild die beiden Köpfe.) Ich bin so zerrissen und deshalb schäme ich mich so."

Durch diese Brille definierte sie sich selbst als Problem, dem sie durch unbarmherzige Selbstabwertung Nahrung gab. Mit dieser inneren Haltung – nicht perfekt, sondern uneins, zerrissen zu sein – gestaltete sie ihre Beziehungen.

Tabea: „Ich komme schlecht in Kontakt mit anderen, höre lieber zu und bin häufig allein."

Im Gespräch lud ich sie ein, zunächst zwei Seelen in ihrer Brust als Gedankenmodell zu installieren. Auf meine Frage: „Was wäre, wenn beide Seelen, d. h. bezogen auf dein Gemälde, beide Köpfe sprechen dürften?"

Tabea sah mich fragend an: „Aber eigentlich soll doch nur einer ..." Sie schweigt.

Ich: „Wie würde es wohl dem anderen Kopf gehen, wenn er nicht zu Wort kommen darf?"

Tabea: „Scheußlich, eingesperrt, Angst und Wut. Der glaubt, der sei nicht wichtig."

Ich: „Der sei überhaupt nicht wichtig, den soll es also gar nicht geben, der stört doch nur. Ist es das, was du damit sagen willst?"

Tabea: „Nein, der ist auch wichtig."

Schritt für Schritt kann Tabea beide Seiten in sich anhören.

Ich: „Angenommen, du hättest beide Adler akzeptiert, wie könnte sich das auswirken?"

Tabea: „Ich wäre etwas sicherer, ja, ich würde mich nicht so klein und unwichtig fühlen."

Um das theoretisch erreichte Ziel zu stabilisieren, frage ich: „Was müßtest du tun, um dich vor dir selbst und nach deiner Einschätzung in den Augen anderer wieder richtig klein und unwichtig zu fühlen?"

Tabea: „Das ist mir jetzt schon klar." Sie schmunzelt. „Wenn ich einem Kopf seinen Lautsprecher zudrehe, dann wird er zum ängstlichen Huhn."

Im weiteren Gespräch lenke ich den Blick auf mögliche Auswirkungen in ihren Beziehungskonstellationen zu ihrem Partner und zu ihrer Tochter. Langsam wird für sie der Zusammenhang zwischen Selbstwert und Kommunikation faßbar. Je mehr sie sich der Seite in ihr öffnet, die die Selbstanklage favorisiert, und dabei ihre Ressourcen ausblendet, desto niedriger fühlt sie ihren Selbstwert.

„Unser Körper paßt sich unserem Selbstwertgefühl an, ob wir das erkennen oder nicht. Wenn unser Selbstwert in Frage gestellt ist, zeigt unser Körper das an“, sagt die Familientherapeutin Virginia Satir.[4]

Je mehr es Tabea aber gelingt, beide „Seelen in ihrer Brust“ zu akzeptieren, desto sicherer könnte sie ihre Beziehungen gestalten. Hilfreich könnten z. B. Tagebuchaufzeichnungen oder andere Erinnerungssymbole sein, die sie sowohl an ihre guten Erfahrungen erinnern als auch an ihre Fähigkeit, selbst Entscheidungen treffen zu können. Um beiden Köpfen gerecht zu werden und damit den Lösungsansatz zu festigen, gilt es, den jeweiligen „Preis“ zu bedenken, der jetzt „zu zahlen“ wäre.

In Tabea arbeitet es sichtlich. Das Malen des Bildes, in dem sie sich selbst sozusagen präverbal (noch ohne Worte) nähergekommen war, erwies sich als ihre Schlüsselstelle.

In eine fremde Rolle gepreßt ...

---

[4] Satir, Virginia: Kommunikation und Selbstwert. Familientherapie für Berater und zur Selbsthilfe. Pfeiffer. Seite 86

11. Botschaften – ihre Bedeutung und Auswirkungen

Angeregt durch das Malen und den persönlichen Austausch in der Gruppe, zeigt sich mancher Teilnehmer auch von einer anderen Seite. Manchmal zaghaft, manchmal in größeren Schritten wächst die Solidarität von Etappe zu Etappe im Seminar.

Wie wichtig kleine Schritte für den Heilungsprozeß sein können, wird an der Schilderung aus dem Markusevangelium 8, 22-25 deutlich: „Als sie nach Betsaida kamen, brachten die Leute einen Blinden und baten Jesus, den Mann anzurühren. Jesus nahm ihn bei der Hand und führte ihn aus dem Ort hinaus. Er spuckte ihm in die Augen, legte ihm die Hände auf und fragte: Kannst du etwas erkennen? Der Blinde blickte auf und sagte: Ja, ich sehe Menschen, aber sie sehen aus wie Bäume, die sich bewegen. Noch einmal legte ihm Jesus die Hände auf die Augen, da sah er deutlich" (Gute Nachricht).

In einer weiteren Einheit lud ich die Teilnehmer ein, sich anhand der vorstehenden Karikatur mit folgenden Fragen zu befassen:

Welche Impulse und Botschaften (verbal oder nonverbal) in meiner Herkunftsfamilie, Schule, Kirche oder Gemeinde haben bei mir eher eine *ungesunde* (einengende, wachstumshemmende) *Anpassung* gefördert?

Welche Impulse und Botschaften haben bei mir eher eine *gesunde* (motivierende, wachstumsfördernde) *Individualität/Einzigartigkeit* gefördert?

Aufgrund meiner bisherigen Erfahrungen mit Überlebenden ging ich davon aus, daß die ungesunden Botschaften oft einen größeren Stellenwert als die gesunden in der „Gewohnheitswirklichkeit" der Teilnehmer einnehmen. Um die Entwicklung eines optimalen Zusammenwirkens zwischen bisheriger „Gewohnheitswirklichkeit" und den eigenen Fähigkeiten einzuleiten, hielt ich es für angebracht, beiden Botschaften Raum zugeben. (Hilfreiche Anregungen dazu erhielt ich von Gunther Schmidt[5], der als Arzt und

---

[5] Schmidt, Gunther: Prämissen und Konzepte zum Thema: „Utilisatation von Alltagstrancephänomenen und hypnotischen Mustern für die Gestaltung des Interviewablaufs und von Interventionen." Arbeitspapier im Weiterbildungsseminar zum Sozialtherapeuten. Milton-Erickson-Institut Heidelberg 1996. S. 10

Psychotherapeut in Heidelberg praktiziert.) Wichtig war für mich, zu einem Klima in der Gruppe beizutragen, in der mit Wertschätzung und Achtung die entsprechenden Personen angenommen wurden.

Zunächst prasselten die als ungesund erlebten Botschaften wie ein Wolkenbruch herab z. B.:

- Kinder darf man sehen, aber nicht hören.
- Solange du deine Füße unter meinem Tisch stellst, hast du zu machen, was ich sage.
- Wir haben kein Geld, wir sind zu arm.
- Du wirst noch wie deine Mutter.
- Wenn Erwachsene reden, halten Kinder den Mund.
- Hör auf zu weinen, du Heulsuse.
- So etwas fragt man nicht – du bist ungezogen.
- Ich glaube dir nicht, du lügst!
- Paß auf, kleines Auge, was du siehst!
- Schäm dich, du bist viel zu dick.
- Benimm dich, was sollen die anderen denken!

Jeder Teilnehmer hatte mindestens ein Beispiel eingebracht, viele auch mehrere. Diese Botschaften hatten niederdrückende Auswirkungen auf Mimik und Gestik. Es wurde still. Vorsichtig kamen dann einzelne Beiträge sehr knapp formuliert, die sich der zweiten Frage widmeten. Ich hatte den Eindruck, als schämten sich die jetzigen Redner, als würden sie evtl. die Gruppe „verraten", also ein Loyalitätskonflikt zur Gruppe, oder war es wirklich so ungewohnt, die eigenen Fähigkeiten zu benennen? Beides schien möglich.

Ich brachte mich persönlich mit einer für mich als stärkend empfundenen Botschaft ein, die ich ausführlich schilderte. Jetzt kamen auch bei anderen etwas Sonne hinter den abziehenden Regenwolken zum Vorschein, z. B.:

- Helene hat heute noch den Satz ihrer Oma im Ohr: „Du hast so schöne Augen, mein Kind."
- Für Doris war es wohltuend, als sie von ihrer Freundin hörte: „Ich glaube dir."
- Helga erinnert sich: „Es tut mir einfach gut, wenn mein Mann und ich am Nachmittag uns gemeinsam Zeit für eine Tasse

Kaffee nehmen."
- Günther: „Wenn mein Chef mich lobt, dann ist das schon ein tolles Gefühl – aber auch ein bißchen komisch."
- „Als ich es begriffen hatte", so Elke, „daß Jesus mich liebt, so wie ich eben bin, da fühlte ich mich wie neu geboren."
- Schön, daß es dich gibt.
- Mach weiter, du bist auf einem guten Weg.
- Ich bete für dich.
- Ein kleiner Blumenstrauß von meiner Freundin.
- Probier's noch mal mit Geduld, dann kannst du es schaffen.
- Du hast dich wirklich positiv verändert.
- Das Bibelwort: „Ich will dich mit meinen Augen leiten" (Psalm 32, 8b).

Fast unmerklich hatte das Reden und Zuhören bei allen Beteiligten positiven Einfluß auf die Körpersprache gehabt.

12. Folklore mit unterschiedlichen Folgen

Zu dieser Intervention hatte ich eine Tanzlehrerin eingeladen, die uns gekonnt die einzelnen Tänze und deren kulturelle Bedeutungen vermittelte. Aus verschiedenen Gründen habe ich mich für den Volkstanz als Interventionsangebot entschieden:

1. Der Tanz mit der entsprechenden Musik kann Menschen verschiedener Nationen und Altersstufen ohne viele Worte miteinander verbinden. Nicht der Tanz an sich hat diese Kraft, aber er kann den Wunsch nach Gemeinschaft und innerer Verbindung stärken.
2. Gerade im Volkstanz gibt es oft einen Wechsel zwischen der Betonung des Individuums, eines Paares und der Gruppe, d. h. Nähe und Distanz sind stehend, wiegend, schreitend, laufend vertreten.
3. Im Volkstanz können Ungeübte schnell integriert werden, wenn sie dies möchten und Mut zur Lücke, zum Fehlermachen sowie zur wohlwollenden Korrektur haben, und andererseits die Geübten Geduld mitbringen.

4. Auch für Zuschauer kann es reizvoll und anregend sein, sich an der Atmosphäre der Darbietungen zu erfreuen.
5. Im Tanz kann die Einheit zwischen Körper, Seele und Geist durch neue Impulse erfrischt und gestärkt werden. Der Bezug sowohl zum eigenen Körper als auch zu den Mittanzenden kann auf mehreren Ebenen Ressourcen in Bewegung setzen. In einem israelischen Volkslied heißt es: „Wenn wir uns die Hände reichen, muß die Trauer von uns weichen."

Da ich aus meiner eigenen Biographie die Widerstände gegen das Tanzen, aber auch die Freude darin kenne, appellierte ich an die Teilnehmer, sich die Freiheit zu nehmen, die sie zum Fernbleiben, Zuschauen oder Mitmachen motivierte.

Als das Folkloreprogramm abends startete, waren nur etwa siebzig Prozent der Teilnehmer gekommen. Nach etwa dreißig Minuten verließen nochmals drei Teilnehmer diese Einheit. Zunächst war ich irritiert: „Was war geschehen?" Ich entschied mich, zunächst an meinem Programmvorschlag festzuhalten und dann im Gespräch mit den anderen Mitarbeitern und eventuell mit den Teilnehmern diesen Abend zu reflektieren.

Am nächsten Morgen sprach mich Vera an: „Bist du mir jetzt böse, daß ich gestern nicht beim Tanzen war?"

Ich: „Nein, böse bin ich nicht. Warum fragst du mich?"

Vera: „Tanzen wollte ich überhaupt nicht, aber ich traute mich nicht zu gehen, hast du doch extra die Tanzlehrerin besorgt."

Ich: „Da warst du ja richtig in der Zwickmühle, wie hast du es geschafft, da auszusteigen?"

Vera: „Früher wäre ich nicht weggegangen. Das tut man nicht, ist unhöflich."

Ich: „Du wärst bis zum Schluß geblieben, bis zum Aufräumen?"

Vera: „Ja, wahrscheinlich, obwohl ich eigentlich nicht wollte. Früher habe ich in solchen Situationen schon manchmal Kopfschmerzen bekommen."

Ich: „Und was war dieses Mal anders?"

Vera: „Hier im Seminar ist es anders. Es gibt keinen Zwang. Außerdem möchte ich nicht mehr alles einfach so mitmachen. Ich möchte eigentlich mehr selbst entscheiden."

Ich: „Angenommen, du bleibst bei dieser Haltung, was würde dein Mann dazu sagen?"

Vera: „Vielleicht paßt es ihm nicht ... Manchmal glaube ich aber, er vermißt es auch."

Ich: „Was könnte er vermissen?"

Vera: „Naja, daß ich einmal klar sage, was ich eigentlich möchte und was nicht oder so."

Für die Zeit nach dem Seminar, sozusagen als Erinnerungsanker für zu Hause, nimmt sich Vera eine Spruchkarte mit, die ihr Mut macht, „neues Land einzunehmen". Ferner will sie in ihrem Heimatort Kontakt mit einer Gruppe für Überlebende aufnehmen.

13. Die Zeit heilt keine Wunden – aber das Heilen der Wunden braucht seine Zeit

Manchmal ist im Volksmund zu hören: „Zeit heilt Wunden." Bei körperlichen Wunden kann man beobachten, wie mit der Zeit das körpereigene Immunsystem viele Wunden – aber nicht alle – heilen läßt.

In Gesprächen mit überlebenden Frauen und Männern, von denen manche bereits das Rentenalter erreicht haben, wurde immer wieder deutlich, daß manche tiefsitzende Verletzungen in der Seele zwar verdeckt und verdrängt worden sind, aber allein der zeitliche Abstand keine Heilung bringen konnte.

Wie die angeführten Beispiele der Seelsorge, Beratung und Seminararbeit in diesem Buch zeigen, sind Spontanheilungen eher selten. Da den seelischen Verletzungen aufgrund der Tabuisierungen von den verschiedensten Seiten kaum mit Hilfestellungen zur Heilung begegnet werden konnte, brauchen Überlebende und deren Verbündete (Partner, Familie, Freunde) sowohl therapeutische als auch geistliche Angebote.

Bewährt hat sich bisher eine Kombination verschiedener Ansätze:

- Fachreferate (Wissen macht Mut)
- angeleitete Übungen zu thematischen Schwerpunkten (z. B. Malen, Rollenspiel, Skulptur, Gruppengespräche)

– Angebote im körperlichen Bereich: unterschiedliche Sportmöglichkeiten (Schwimmen, Volleyball, Volkstanz, Tischtennis).

14. Heilung ist ein Prozeß, bei dem Vergebung nicht am Anfang, sondern am Ende steht

Karin ist erschüttert: „Aber ich hatte ihm alles vergeben. Und jetzt kommt es mir wieder hoch."

Manche Christen hören in der Seelsorge, daß Vergebung befreit und heilt. Das ist grundsätzlich auch richtig. Es ist nur die Frage, zu welchem Zeitpunkt „was dran ist". Wie bei Karin kann der Druck von außen, zu vergeben, einen Schuß nach hinten bewirken. Ihr Herz war noch voll von Schmerz und Wut. Es war so, als hätte sie sich an einem rostigen Nagel das Bein aufgerissen und eine Blutvergiftung zugezogen. Ein schnelles Pflaster hätte zwar die Blutung stillen können, aber echte Heilung wäre damit noch nicht möglich gewesen. Die Patientin könnte sogar daran sterben.

Nicht nur Karin, sondern viele Überlebende haben es aus plausiblen Gründen schwer zu vergeben:

– Der seelische Schmerz, die Scham sitzen tief.
– Verschiedene Wut-, Haß- und Ohnmachtsgefühle lassen sich nicht einfach ignorieren. Sie wollen und müssen ans Licht, auch wenn sie von den Überlebenden insbesondere anfangs noch nicht und nur zögernd akzeptiert werden.
– Im Psalm 22 schreit David: „Mein Gott, mein Gott, warum hast du mich verlassen?" Wenn sich jemand so gottverlassen wie David fühlt, und es wäre kein Wunder, dann ist es auch außerordentlich schwer, dem biblischen Gebot „einander zu vergeben" (siehe „Vater unser") zu folgen.
– Manchmal steht aber dem Wunsch nach Seelsorge und dem Ziel der Vergebung ein Gefühlschaos im Wege, das durch Selbstanklage und Selbstbewertung gekennzeichnet ist und die Aufnahme von helfenden Beziehungen erschwert:

„Wem aber", aus der Sicht Überlebender gesprochen, „kann und will ich mich mit meiner Wahrheit über den sexuellen Mißbrauch, die erlittene Angst und Schmach, meiner Mordswut, meiner Verachtung und der Selbstanklage zumuten?“

Jesus läd alle Überlebenden ein: „Die Wahrheit wird euch frei machen“ (Johannes 8, 32). Sein Wort macht Mut, Friede, Freude und Versöhnung nicht zu heucheln, sondern die Wahrheit an das Licht zu bringen. Auch hier gibt es keinen Zwang und keinen Termindruck, aber eine klare Verheißung: die Wahrheit, so subjektiv, wie sie eben von den Überlebenden wahrgenommen wurde, hat vor Jesus Platz und ist willkommen. Jesus kann jede Wahrheit hören und aushalten, denn er sagt von sich selbst: „Ich bin die Wahrheit“ (Johannes 14, 6).

Maren hat sich entschieden, sich ihrer Vergangenheit zu stellen, sich aber auch auf den Weg zu Gott zu machen, der für sie so weit weg war:

„Ich erlebte schon seit meiner frühesten Kindheit Gewalt in der Familie. Für jede Verfehlung, die ich mir leistete, gab es Prügel, hauptsächlich von meinem Vater. Meine Mutter erlitt in jungen Jahren einen Schlaganfall und fiel somit bei meiner Erziehung aus. Mein Vater war mit mir überfordert, und er kannte nur eins: Bestrafung bei Ungehorsam.

Wenn Schläge anstanden, versuchte ich mich hinter meiner Mutter zu verstecken, aber sie war zu schwach, um mir zu helfen.

Mein Vater hat mir damals schon zu verstehen gegeben, daß ich so ziemlich das Nutzloseste bin, was es überhaupt gibt. Seinen Frust mit Frau und Kind ertränkte er regelmäßig mit Bier und Schnaps. Der Alkohol machte ihn hemmungslos. Die Gewaltattacken richteten sich nun täglich gegen mich, auch meine Mutter wurde nicht verschont. Sie flüchtete nun fortan in Krankheiten und ‚verzichtete‘ auf die Ausübung der ehelichen Pflichten.

So kam es, daß mein Vater mich als Ersatz entdeckte. Ich war damals zwölf Jahre alt. Mit Zuckerbrot und Peitsche machte er mich gefügig. Wenn ich lieb zu ihm war, bekam ich etwas geschenkt. Verweigerte ich mich, zerstörte er meine liebsten Spielsachen.

Durch die permanenten Drohungen und Schläge schwieg ich. Ich hatte Angst. Ich konnte nachts nicht mehr richtig schlafen aus

Angst, er könnte wiederkommen. Wenn er dann kam, betete ich zu Gott, daß es bald zu Ende gehen möge. Von da an konnte ich an Gott nicht mehr glauben, denn er hatte es zugelassen.

Zu diesem Zeitpunkt begann ich ein Doppelleben zu führen. Tagsüber war ich die fröhliche, freche kleine Maren, nachts lähmte mich die panische Angst vor dem Grauen.

Ich habe damals mit meinem Vater nicht darüber gesprochen, auch nicht, als die sexuellen Übergriffe nach sechs Jahren zu Ende waren. Er starb vor zehn Jahren an den Folgen des Alkoholismus.

Verziehen habe ich ihm noch immer nicht ganz, aber ich kann heute ohne Haßgefühle an ihn denken.

Auch mit meiner Mutter habe ich nie ein Gespräch über die damalige Zeit geführt. Sie hat jeden Versuch meinerseits strikt unterbunden. Heute weiß ich, daß sie es gewußt hat. Ich weiß auch, daß meine Mutter aus einem sexuellen Mißbrauch zwischen ihrer Mutter und ihrem Großvater entstanden ist. Es fällt mir heute leicht, an sie zu denken, und ich bedaure, daß sie vor zwei Jahren gestorben ist.

Nach dem Tod meiner Mutter habe ich zusammen mit guten Freunden aus dem Blauen Kreuz begonnen, mein Leben neu zu ordnen. Ich habe Seminare zu dieser Thematik besucht und mich entschlossen, mich meiner Vergangenheit zu stellen. Ich habe mich wieder Gott genähert, und ich kann wieder besser schlafen."

Manche Überlebende können zwar dem Täter bzw. der Täterin vergeben, bleiben aber mit sich selbst unversöhnt. Inge schildert das so:

„Ich mochte dieses Mädchen Inge nicht mehr. Ihre Schwäche, ihre traurigen Augen, ihre Hoffnungslosigkeit macht mich wütend. Noch heute sehe ich sie dastehen, zitternd vor Angst und Ekel, schweigend, einsam, ohnmächtig ausgeliefert. Ich mag sie nicht!"

Ein Ziel in der therapeutischen Seelsorge liegt darin, daß Inge das Kind, das sie einmal war, nicht mehr von sich abspaltet, sondern sich zunächst im Sinne einer Anwältin, später als Freundin zu den Bedürfnissen des Kindes stellt. Jesus kann hier als Vorbild gelten, für den Kinder eine wichtige Rolle eingenommen haben: „Laßt die Kinder zu mir kommen, denn Menschen wie ihnen gehört das Himmelreich" (Matthäus 19, 14).

Je mehr es Überlebenden und ihren Verbündeten (Partner, Freunden usw.) gelingt, durch therapeutisch-seelsorgerliche Begleitung ja zu sagen zu ihrem inneren Kind mit seinem damaligen Körper, mit seinen Gefühlen und Gedanken, desto eher können die von Gott gegebenen Ressourcen (Gaben, Talente, Fähigkeiten usw.) entwickelt, gefördert und gelebt werden.

Diese Dynamik der Kraft Gottes, die durch eine fundierte Trauer- und Vergebungsarbeit neues Land einnehmen kann, ist im Stande, ein ganzes Familiensystem positiv zu verändern. Das zeigt die folgende Geschichte von Hanna, Heinz und ihren drei Kindern:

Nur keine Tochter! Noch Jahre bevor Hanna ihren Mann Heinz kennenlernte, war ihr klar, daß sie zwar gern Kinder haben möchte, aber keine Tochter. „Es lag nicht daran, daß ich Mädchen nicht mag", erzählte sie „nein, sie gefallen mir gut mit ihren pfiffigen Spitznasen, den Locken, den großen Augen und den süßen Kleidchen ... aber das ist es eben. Mädchen sehen so hübsch aus, und dann ist vielleicht mit einem Mal alles aus. Kurz, Jungs sind mir dann schon lieber, die sind robuster und man muß nicht ständig um sie Angst haben."

Wir hätten ein glückliches Paar sein können. Für Heinz war es kein Thema, ob seine Frau Hanna einen Jungen oder ein Mädchen zur Welt bringen würde. Er war verliebt, verlobt und der Hochzeitstermin rückte endlich näher.

Er erzählt: „In Hanna fand ich eine gutaussehende Frau, die wußte, was sie wollte – meistens. Wir hatten viele gemeinsame kulturelle und sportliche Interessen. Kurz nach unserer Hochzeit bauten wir damals noch am Stadtrand unser Haus. Der Bau und mein Beruf füllten mich ganz aus. Anfangs fiel es mir kaum auf, daß Hanna in meiner Abwesenheit immer wieder aus unserem Weinkeller Flaschen entwendet hatte. Aus Wein, überhaupt aus Alkohol mache ich mir nichts. Hellhörig wurde ich aber, als Hanna mehrere Unfälle im Haus hatte: einmal war sie die Treppe hinuntergestürzt, einmal hatte sie sich mit der Brotmaschine geschnitten, dann war sie von der Leiter gefallen usw. In unserer Beziehung wurde es auch immer kälter. Auf meine Fragen wich sie mir aus, unsere Gespräche kreisten nur noch um die Kinder, das Haus, das Auto und den Garten. Schon lange waren wir uns körperlich fremd geworden. So machte ich lieber Überstunden, als mich mit ihr zu streiten.

Unsere Kinder spielten auch irgendwie verrückt:

Unser Ältester, der Kai, der ging ja noch einigermaßen. Der büffelte wie ein Wilder, obwohl er für sein Abi noch drei Jahre Zeit hatte. Außerdem packte er plötzlich im Haushalt mit an. Mir war es recht, daß er seiner Mutter geholfen hat, ich war ja zur Arbeit.

Bei unserem Bernd kannte ich mich bald überhaupt nicht mehr aus: der wurde so frech, war gegen alle und gegen alles. Wenn er dann schlechte Laune hatte, und das kam oft vor, dann gab es schon mal Scherben. Bei ihm ist mir oft die Hand ausgerutscht. Das tat mir dann auch wieder leid. Warum Bernd dann in der Schule so abgesackt ist, wußte ich auch nicht. Dumm ist der nicht, aber schrecklich faul.

Und Angelika, unsere Tochter, die jüngste, die war mein ganzer Sonnenschein. Wenn ich ihr beim Spielen zugesehen habe und sie dann auf mich zulief, mir einen dicken Kuß gab und mich anstrahlte, dann wußte ich wieder, wofür ich arbeite. Manchmal aber machte ich mir auch Sorgen um Angelika, besonders dann, wenn sie sich mit ihrem traurigen, verlorenen Blick ohne ein Wort in ihr Zimmer zurückgezogen hatte."

Den Stoff als Lösungsmittel eingesetzt. „Für mich", fuhr Hanna fort, „war alles verfahren. Ich liebte Heinz, aber ich konnte mit ihm nur wie Bruder und Schwester zusammenleben. Mit etwas Wein intus versuchte ich, meine Hemmungen und Bremsen zu überwinden, aber es wurde immer schlimmer. Dann schämte ich mich furchtbar. Das konnte ich auch nicht ertragen. Ich war hin und hergerissen, dann trank ich wieder etwas. Ich versagte als Ehefrau und Mutter und schämte mich mehr und mehr vor den Kindern. Die unsichtbare Wand zwischen mir und meiner Familie wurde immer dicker."

In der Gruppe trocken geworden. Mit viel Herzklopfen ging Hanna zum ersten Mal in die Blaukreuz-Gruppe. Nach einigen Monaten schaffte sie es mit Hilfe der Gruppe, trocken zu werden. Die Gruppe war für sie ein wichtiges Sprungbrett, aber in ihrer Ehe und Familie stand noch eine unsichtbare Wand, so daß sie es kaum schafften, einander auf emotionaler Ebene gelassen zu begegnen.

Der Vulkan bebt. Eines Tages brachte Hanna von der Gruppe einen Freizeitprospekt des Blauen Kreuzes mit, in dem therapeutische Seminare für die ganze Familie angeboten werden. Heinz fährt fort: „Ich fand es zwar schön, daß meine Frau jetzt trocken war, daß sie also dieses wichtige Etappenziel erreicht hatte, aber das kann doch nicht alles gewesen sein, dachte ich. Der Ausdruck von Gefühlen und der Austausch von Zärtlichkeiten zwischen ihr und mir hatte nur noch Gefrierschrankcharakter. Nein, so wollte ich nicht weiterleben. Gemeinsam mit unseren Kindern meldeten wir uns darum zu so einem Familienseminar in den Ferien an. Ich war gespannt und hoffte, daß uns die Therapeuten aus der Patsche helfen würden."

Das kann ich keinem sagen. Hanna: „Ich weiß nicht mehr, warum, aber bei mir drehte sich alles, als es um das Thema ‚Delegation der Gefühle' ging, d. h. wer in der Familie zeigt am ehesten Freude, Wut, Trauer, Ärger, Gemütlichkeit, Zärtlichkeit, Verbundenheit und wem gegenüber. Beim Stichwort Zärtlichkeit schossen mir Blitze durch den Kopf. Alte Bilder und schreckliche Erlebnisse waren plötzlich taufrisch vor meinen Augen. In der Pause suchte ich einen Mitarbeiter und bat um ein Gespräch. Obwohl ich nur sehr vage Andeutungen über meine sexuellen Mißbrauchserlebnisse in der Kindheit gemacht hatte, schien er mich zu verstehen. In einem weiteren Gespräch, zu dem eine Mitarbeiterin dazugekommen war, schilderte ich das erste Mal nach etwa siebenundzwanzig Jahren, was mir unser Nachbar als neunjährigem Mädchen immer wieder unter Drohungen angetan hatte. Wie aus einem Vulkan schleuderte ich Wortfetzen, gemischt mit Tränen, heraus. Es tat gut. Aber mein Heinz durfte nichts davon erfahren! Niemals!

Auf die Frage des Mitarbeiters: ‚Wie würde Heinz reagieren, wenn er es heute von dir erfahren würde?' stockte mir der Atem. Dann stotterte ich: ‚Er wird mich verlassen.' Gemeinsam mit den Mitarbeitern ging ich alle wesentliche Schritte in der Ehe mit meinem Mann durch. Ich war wirklich überrascht: mein Mann hatte mich noch nie im Stich gelassen, auch nicht in der schlimmen Trinkzeit. Dann schossen mir wieder Tränen ins Gesicht."

Was hat sie nur gegen mich? Heinz: „Seit unserer Anreise waren schon einige Tage vergangen. Sicher, einige wichtige Themen haben wir schon besprochen, aber mir ist, als ob die Gespräche nicht weiterkommen, von einem Durchbruch kann keine Rede sein. Hanna weint jetzt oft, so kenne ich sie kaum, aber sie spricht nicht. Sie ist so unnahbar, weicht jeder Berührung aus. Ich halte das kaum aus. Meine Frau und ich sitzen mit einem Mitarbeiter und einer Mitarbeiterin im Kaminzimmer eines alten Gutes. Ich höre, wie meine Frau zögernd erzählt. Sie wirkt auf mich wie ein verschüchtertes neunjähriges Mädchen. Im Telegrammstil erzählt sie von sexuellen Mißbrauchserfahrungen in ihrer Kindheit. Ihr Blick ist so fragend, als ob sie sich meiner Treue nicht sicher wäre. Was ich empfinde, kann ich jetzt nicht sagen. Ich nicke ihr nur zu, und sage ihr damit: ‚Ich stehe zu dir.‘ Dann rollen meine Tränen."

Heilung und Vergebung brauchen Zeit. Hanna: „Die Mitarbeiter machen mir Mut, das, was mich bedrückt, auszusprechen bzw. aufzuschreiben. Ich höre, daß Heilung und Vergebung möglich sind, aber ihre Zeit brauchen. Das hilft mir, denn ich spüre nur Traurigkeit und den Haß auf den Täter."

Wieder vergehen Tage. Heinz und Hanna haben sich neu befreundet. Heinz erzählt: „Die Kinder haben große Augen gemacht, als sie uns Hand in Hand im Park gesehen haben. Langsam lernen wir wieder das Reden und Beten miteinander."

Mein schwerster Stein muß zum Kreuz. Am letzten Tag des Seminars gestalten die Erwachsenen gemeinsam einen Gottesdienst. Die Kinder feiern ihren eigenen. Auf dem Boden wurde durch viele kleine Kerzen ein Kreuz symbolisiert. Steine und weitere Kerzen standen zur Verfügung.

Der Gottesdienst sollte helfen, wichtige Erfahrungen des Seminars „zu verankern", festzumachen. Damit knüpften wir an eine uralte Tradition an, die z. B. schon im Alten Testament im 1. Samuel 7 beschrieben wird: Als Erinnerungszeichen an Gottes Eingreifen „nahm Samuel einen Stein und stellte ihn auf ... und sprach: Bis hierher hat der Herr geholfen."

Hanna: „Im Gespräch mit den Mitarbeitern bekam ich neue Hoffnung, dem Täter zwar nicht in meiner Kraft, aber im Namen und in der Kraft Jesu zu vergeben. Niemand hatte mich zu diesem Schritt gedrängt, und das war auch gut so. Dann suchte ich mir den schwersten Stein, der für mich all die entwürdigenden und verletzenden, ekligen und lähmenden Erfahrungen, die sich bis in meine Ehe hinein gezogen hatten, verkörperte. Diesen großen Stein legte ich an das Kreuz. Ja, im Namen Jesu konnte ich vergeben. Tonnen fielen von meiner Seele."

Wir hatten uns an so vieles gewöhnt. Heinz: „Nach diesem Seminar kam erst einmal ein Tal für uns. Im Alltag verfiel wieder jeder in seinen Trott. Es kostete uns viel Mühe, Disziplin und Humor über uns selbst, bis wir als Orchester ein neues Stück spielen, d. h. uns neu begegnen konnten. Wir hatten uns zu sehr an unsere alten ‚Kampfmuster' und Rollen gewöhnt. Manchmal schien alles leider wie früher zu sein, aber das war es nicht, denn wir hatten einerseits zwischenzeitlich gute Erfahrungen gemacht und neu das Reden gelernt. Im folgenden Jahr sind wir alle auf eine therapeutische Familienfreizeit des Blauen Kreuzes mitgefahren. Die Gemeinschaft tut uns gut, auch wenn sie uns oft neu aus unseren bequemen Gewohnheiten herausfordert."

Weitere Bücher aus dem Blaukreuz-Verlag Wuppertal und dem Blaukreuz-Verlag Bern

Reinhold Ruthe / Peter Glöckl
Alkohol in Ehe und Familie
Was die Familie tun kann
80 S., Tb., Illustrationen, z. Z. DM 10,80 / öS 79,– / sFr. 11,50

Wie gut gemeint und doch falsch ist oft das Verhalten der Angehörigen gegenüber dem Suchtkranken! Die Autoren decken unbekannte Zusammenhänge auf und vermitteln wertvolle Ansätze zur Selbstkorrektur. Hierbei sind auch erwachsene Kinder von Abhängen berücksichtigt.

Arline Westmeier
Die verletzte Seele heilen
Gesundung durch Seelsorge
– mit Fallbeispielen und Illustrationen –
6. Auflage
144 S., Paperback, z. Z. DM 21,80 / öS 159,– / sFr. 22,–

Viele Menschen haben seelische Verletzungen verdrängt. Unerklärliche Verhaltensweisen sind die Folge. An zahlreichen Beispielen macht die Autorin deutlich: Es gibt Befreiung von der belastenden Vergangenheit. Vielen Ratsuchenden hat sie geholfen, sich ihren schmerzhaften Erinnerungen und Gefühlen zu stellen, sie an Jesus Christus abzugeben und sich von ihm dauerhaft heilen zu lassen.

Margaret J. Rinck
Können Christen zu sehr lieben?
Beziehungsabhängigkeit überwinden
176 S., Pb., Illustrationen, z. Z. DM 21,80 / öS 159,00 / sFr. 22,50

Müssen Christen andere Menschen nicht genauso selbstlos lieben, wie Gott uns liebt? Viele Christen sind verunsichert. Sie glauben, sie müßten immer für andere da sein. Wer solche Beziehungen eingeht, steht in der Gefahr, beziehungsabhängig zu werden. Christliche Nächstenliebe ist davon sehr wohl zu unterscheiden! Die Autorin weist Merkmale der Selbstschädigung auf und bietet Hilfen an.